Erzählte Stadt

Erzählte Stadt

Stadt

Stuttgarts literarische Orte

Vorgestellt von Irene Ferchl

Silberburg-Verlag

Irene Ferchl, am Bodensee geboren, studierte in Stuttgart und arbeitet dort als Kulturjournalistin. 1993 gründete sie das *Literaturblatt für Baden-Württemberg* und ist bis heute dessen Chefredakteurin. Sie war Projektleiterin von Literaturfestivals, hat literarische Reiseführer (zu Annette von Droste-Hülshoff, Stuttgart, Eduard Mörike und zur Romantik) verfasst und einige Anthologien (*Geschichten aus Stuttgart,* 2011) herausgegeben. 2016 erschien *Über das Land hinaus. Literarisches Leben in Baden-Württemberg.*

2. Auflage 2016

© 2015/2016 by Silberburg-Verlag GmbH,
Schönbuchstraße 48, D-72074 Tübingen.
Alle Rechte vorbehalten.
Umschlaggestaltung: Anette Wenzel, Tübingen.
Satz und Layout: Björn Locke, Nürtingen.
Druck: Gulde-Druck, Tübingen.
Printed in Germany.

ISBN 978-3-8425-1382-2

Besuchen Sie uns im Internet
und entdecken Sie die Vielfalt
unseres Verlagsprogramms:
www.silberburg.de

Ihre Meinung ist wichtig ...

... für unsere Verlagsarbeit. Wir freuen
uns auf Kritik und Anregungen unter:

www.silberburg.de/Meinung

Inhalt

Norden, Osten, Bad Cannstatt

Vorwort

Wo findet man in Stuttgart Erinnerungen an Schriftstellerinnen und Schriftsteller? Gibt es Wohnhäuser von Dichtern? Schauplätze in Romanen? Wer hat überhaupt hier gelebt und gearbeitet oder war zu Gast? Und hat vielleicht einen Kommentar über die Stadt und ihre Bewohner abgegeben?

Einiges ist bekannt: Schiller floh vor dem Herzog, Mörike zog zehnmal um, Schorlaus Kommissar wohnt überm »Basta« und Polityckis Held speist beim »Brunnenwirt«. Hauff erdachte aus Langeweile Märchen und Musil seinen »Törleß«, Goethe beeindruckte mit seiner Rezitation und Ringelnatz im Varieté. Beckett drehte beim SDR, Andersch und Heißenbüttel erneuerten den Hörfunk. Hermann Lenz flanierte durch die Straßen. Ottilie Wildermuth lernte kochen, Jella Lepman arbeitete als Redakteurin im Tagblatt-Turm, Marianne Ehrmann und Emma von Suckow führten Salons in Garten oder Kaserne. Jean Paul liebte die Silberburg, Lenau den Spargel. F. C. Delius weilte in Stuttgart wegen des Siemens-Prozesses, Casanova verließ es eilends wegen Spielschulden. Balzac kam zur Kur, Rimbaud zum Deutschstudium, W. G. Sebald, um das Literaturhaus zu eröffnen.

Die 75 kurzen Kapitel berichten von Menschen und Ereignissen, führen zu vergessenen literarischen Orten und erinnern an verschwundene, deren Spuren sich nur noch in Texten finden.

Das Buch ergänzt das Projekt »Erzählte Stadt« während des 35. Deutschen Evangelischen Kirchentags, bei dem sich zahlreiche Bürgerinnen und Bürger begeistern ließen, von Dichtern und ihren Häusern einmal ganz persönlich zu erzählen.

Aus dem Wunsch heraus, Ihnen, liebe Leserinnen und Leser, »meine« Begegnungen mit der Literaturgeschichte Stuttgarts vorzustellen, ist dieses Buch entstanden. Ich wünsche mir, dass es bei Ihnen das Vergnügen an eigenen Entdeckungen in der Stadt und weiterer Lektüre wecken kann.

Irene Ferchl

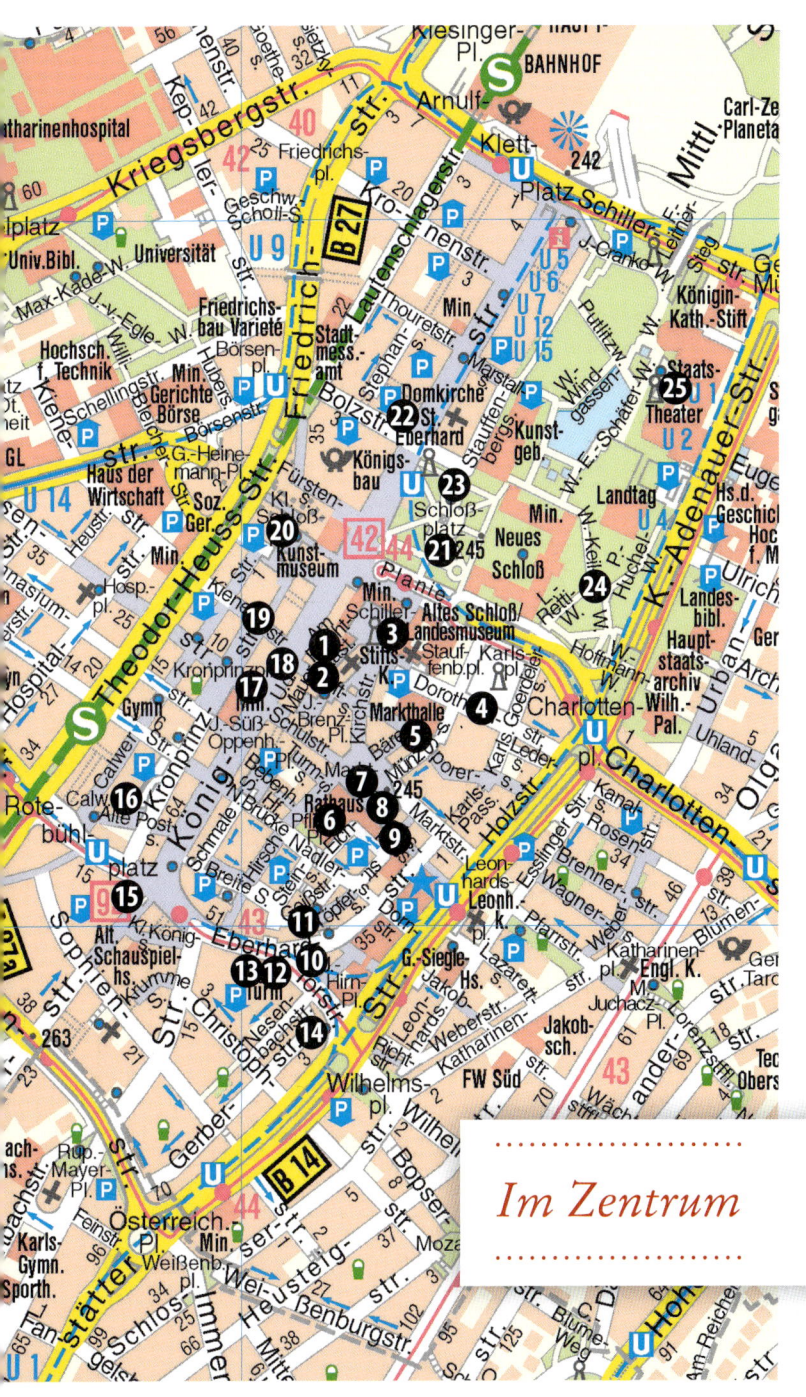

Im Zentrum

Nur noch Mythen und Märchen

Eduard Mörike

Lange war Eduard Mörikes Novelle *Das Stuttgarter Hutzel-männlein* das einzige Buch, das den Namen der Stadt im Titel führte. Und den Reim konnte beinahe jeder aufsagen:

> *»Ein Kobold gut bin ich bekannt*
> *In dieser Stadt und weit im Land;*
> *Meines Handwerks ein Schuster war*
> *Gewiß vor siebenhundert Jahr.*
> *Das Hutzelbrod ich hab erdacht,*
> *Auch viel seltsame Streich gemacht.«*

Heute hängt versteckt an der Ecke des wiederaufgebauten Fruchtkastens eine Art Gnom, der mit Mörikes ursprünglichem Hutzelmännlein wenig Ähnlichkeit besitzt. Das Vorbild für den »Pechschwitzer« war nämlich eine schnurrbärtige Konsolfigur unter einem Christophorus gewesen, angebracht an einem herrschaftlichen Haus am Marktplatz. Das Gebäude wurde im Zweiten Weltkrieg zerstört, wie die vielen anderen Häuser, in denen Eduard Mörike (1804–1875) in Stuttgart gewohnt hat.

Geboren in Ludwigsburg, kam der Dreizehnjährige nach dem Tod des Vaters zu seinem Onkel, dem Obertribunalrat Friedrich Eberhard von Georgii, in die Büchsenstraße 48, unweit des Büchsentors, gegenüber der heutigen Liederhalle. Er besuchte das Gymnasium illustre in der nahegelegenen Gymnasiumstraße, bestand das Landexamen nicht, wurde trotzdem im Seminar in Urach aufgenommen und studierte danach Theologie im Tübinger Stift.

Der »Vikariatsknechtschaft« versuchte er immer wieder zu entkommen, zweimal nach Stuttgart, nur um festzustellen, dass man auch vom Schreiben nicht unbedingt gut und zufrieden leben kann.

Von 1834 bis 1843 hatte er die Pfarrstelle in Cleversulzbach inne, dann ließ er sich krankheitshalber pensionieren, doch das Geld reiche kaum zum Leben für ihn und seine Schwester Klara – und schon gar nicht, um Margarethe Speeth heiraten zu können. Durch Vermittlung seiner Freunde erhielt Mörike eine Stelle am Katharinenstift, wo er zunächst eine, später zwei Stunden Literatur in der Woche unterrichtete.

Mörike bezog im Sommer 1851 erst ein Interimsquartier in der Rotebühlstraße, dann mit Klara eine Wohnung in der Augustenstraße, die sich für drei Personen als zu klein erwies, schließlich landeten sie mit Margare-

Das Hutzelmännlein. Plastik von Hubert Zimmermann, 1956.

the in der Hospitalstraße, wo sie zu dritt lebten, was gelegentlich zu Auseinandersetzungen führte, die durch Gedichte, etwa über den Dachknopf des Gartenhauses, aus der Welt geschafft wurden.

Hier entstanden das *Stuttgarter Hutzelmännlein*, das 1853 bei Schweizerbart erschien und Mörikes größter Erfolg wurde, und Teile der Novelle *Mozart auf der Reise nach Prag*.

Warum im April 1854 die beiden Frauen wieder alle Habseligkeiten zusammenpackten und per Handwagen in eine neue Wohnung brachten, weiß man nicht genau, jedenfalls ging es für einige Jahre in die Alleenstraße, heute Geschwister-Scholl-Straße.

In dieser Wohnung wurden 1855 und 1857 die Töchter Fanny und Marie geboren, es war schön und ruhig, fast ländlich und man hatte unvergleichliche Ausblicke bis zur Stiftskirche, andererseits auf Gärten und Weinberge. Vielleicht um einen eigenen Garten für die Kinder zu haben, zog die Familie im Sommer 1858 in die Hohe Straße, in eine Vierzimmerwohnung mit 75 Quadratmetern. Zusätzlich erwarb Mörike noch ein Gartengrundstück am Kornberg zu Nutzen und Vergnügen. Schon ein Jahr später erfolgte der nächste Umzug in die Militärstraße, heute Breitscheidstraße.

Man besaß damals längst nicht so viele Möbel oder Kleider (das Klavier kam erst später ins Haus) und es scheint noch etwas leichter gewesen zu sein, eine Wohnung für eine fünfköpfige Familie zu finden, Mörikes Schwester Klara war ja immer dabei. Einige der Umzüge waren den veränderten Wohnbedingungen geschuldet, die Stadt explodierte in der Zeit der Industrialisierung und ihre Einwohnerschaft verdoppelte sich von 1850 bis 1875 auf über 100 000.

Die Odyssee war längst nicht zu Ende, es folgten Domizile in der Kanzleistraße, der Reinsburgstraße, der Forststraße und schließlich in der Moserstraße 22.

Dort starb Eduard Mörike am 4. Juni 1875.

Mittlerweile hatte sich das Ehepaar getrennt und Mörike, den Peter Härtling »einen neurotischen Flüchter auf engstem Raum« nannte, hatte zwischendurch mit Klara bei Freund Hartlaub in Vellberg, in Nürtingen und Fellbach gewohnt.

Wer heute die Lebensstationen Mörikes ablaufen möchte, findet in Stuttgart keinen einzigen authentischen Ort mehr: Sämtliche Wohnhäuser wurden zerstört oder abgerissen. Was erinnert noch an den großen Dichter, der so viele Jahre hier gelebt und gearbeitet hat? Eine Plakette gegenüber dem Hauptbahnhof, eine Tafel am Sterbehaus, eine Statue in der Silberburganlage, das Grab auf dem Pragfriedhof und vor allem *Das Stuttgarter Hutzelmännlein*. Die Novelle ist selbst ein Denkmal für viele verschwundene Örtlichkeiten der Stadt, wie Mörike sie zu seiner Zeit sah, und bis heute eine vergnügliche, märchenhafte Lektüre.

Stiftstraße 7 **②**

Tage wie in Rom

Johann Wolfgang Goethe

Nachdem ich Sie heute Nacht, als den Heiligen aller, am schlaflosen Zustande leidenden Menschenkinder, öfters um ihren Beistand angerufen, und mich auch wirklich durch Ihr Beispiel gestärkt gefühlt habe, eines der schlimmsten Wanzenabenteuer im Bauche des Römischen Kaisers zu überstehen; so ist es nunmehr meinem Gelübde gemäß Ihnen sogleich eine Nachricht von meinen Zuständen zu erteilen.« Dies schrieb Johann Wolfgang Goethe (1749–1832) am

30. August 1797 an Schiller, wohnte aber dann trotz dieses »Wanzenabenteuers« noch eine Woche im »Römischen Kaiser« (etwa an der Kreuzung Marien- / Königstraße und Rotebühlplatz).

Am selben Augustmorgen machte er seine »erste gewöhnliche Tour früh um 6 Uhr allein, und rekognoszierte die Stadt mit ihren Umgebungen«. Ihm gefiel, dass die Gräben »in Weinberge und Gartenpflanzungen verwandelt« wurden, er lobte »die schönsten Alleen von mehrern Baumreihen und ganze beschattete Plätze. Das [Neue] Schloß selbst ist von dem Geschmack der Hälfte dieses Jahrhunderts, das Ganze aber anständig frei und breit. Das alte Schloß wäre jetzt kaum

Das G. H. Rapp'sche Haus von der Königstraße gesehen, um 1843.

zu einer Theaterdekoration gut. Die neue Stadt ist in entschiedenen Richtungen meist geradlinig und rechtwinklicht gebaut, nach einer allgemeinen Anlage ohne Ängstlichkeit in der Ausführung«.

Der Tagebucheintrag macht deutlich, dass Goethe diesmal anderes wahrnahm als bei seinem ersten Stuttgarter Aufenthalt im Winter 1779 während der Kavalierstour mit Herzog Karl August von Sachsen-Weimar. Nicht mehr dem Hof und den Honoratioren, sondern der Kultur galt nun sein Interesse. Neben dem Theater besuchte er die Bibliothek und das Naturalienkabinett und traf vor allem Künstler wie den Komponisten und Hofkapellmeister Johann Rudolf Zumsteeg und den Bildhauer Johann Heinrich Dannecker. Geführt wurde Goethe von dessen Schwager, dem Hofbankdirektor und »wohlunterrichteten Kunstfreund« Gottlob Heinrich Rapp.

Gleich oberhalb der Stiftskirche stand das Rapp'sche Haus, um 1800 ein künstlerischer und gesellschaftlicher Treffpunkt; dass hier Schiller und Goethe zu Besuch waren, dokumentierte bis zur Zerstörung des Hauses im Zweiten Weltkrieg eine Tafel. Besonders eine Episode hat das Haus berühmt gemacht. Am 5. September 1797 las Goethe vor den Familien Rapp, Dannecker und von Wolzogen aus seinem soeben erschienenen Epos *Hermann und Dorothea* vor. Dannecker war begeistert: »Ach Gott wie schön, wie groß, wie voll Gefühl ist dieses Werk! Das heiß' ich zeichnen, mahlen, bilden, kurz ich war entzückt; es fatiguierte mich auch so, daß ich den anderen Tag zu nichts taugte.« Und Rapps fünfjähriges Töchterchen soll am Ende in breitestem Schwäbisch ausgerufen haben: »Der Ma soll noch meh läsa!« Goethe fühlte sich geschmeichelt und schrieb an Schiller: »Ich hatte alle Ursache, mich des Effekts zu erfreuen … und es sind unter allen diese Stunden fruchtbar geworden.« Das größte Kompliment machte Goethe jedoch dem Bildhauer Dannecker, von dem er sich mit den Worten verabschiedete: »Nun habe ich Tage hier verlebt, wie ich sie in Rom lebte.«

Schillerplatz – ehemaliges Hotel »König von England« **❸**

Geröstete Spätzler und Träubcheskuchen

Ludwig Börne

Der »König von England« war seit seiner Erweiterung und eleganten Umgestaltung im Jahr 1800 das vornehmste Hotel in der Stadt; es verdankte seinen Namen der Tatsache, dass Friedrich von Württemberg in zweiter Ehe die englische Prinzessin Charlotte Auguste Mathilde geheiratet hatte. Ursprünglich hatten hier drei kleinere Häuser gestanden, in denen 1712 das erste Stuttgarter Kaffeehaus eröffnet worden war.

Im Erdgeschoss befanden sich Trinkstuben, während die »Table d'hôte« im ersten Stock in einem gleichzeitig als Festsaal dienenden, klassizistisch ausgeschmückten großen Speisesaal gereicht wurde. Wilhelm Hauff lässt seine Novelle *Die Bettlerin vom Pont des Arts* (1826) dort spielen und den Wein des Herrn Schwaderer – so hießen die Wirtsleute bis 1850 – als »echt und gut« loben.

Das konnte den überzeugten Biertrinker Jean Paul kaum umstimmen, er suchte sich am Tag nach seiner Ankunft im Juni 1819 ein Privatquartier.

Ehemaliges Hotel »König von England«. Lithografie um 1830.

Ludwig Börne (1786–1837) hingegen, der zwischen 1820 und 1825 mehrmals für einige Wochen oder Monate in Stuttgart weilte, schwärmte von der Stadt: »Die Gegend um Stuttgart ist herrlich. Hohe Berge umgeben die Stadt, bis an die Gipfel mit Wein und Häuserchen bepflanzt. Hier möchte ich wohnen. Und so gute Leute!« Vor allem die Küche des »Königs von England« hatte es ihm angetan, wie er im September 1821 an seine Frankfurter Freundin Jeanette Wohl schrieb: »Ich platze nächstens. In meinem Testamente vermache ich Ihnen aber meine schöne Leber. Die Spannung zwischen meinen Knopflöchern und meinen Knöpfen wird täglich größer, und ich sehe, daß eine förmliche Ehescheidung nicht ausbleiben kann. Die gerösteten Spätzler allein hätten das nicht getan, aber der Träubcheskuchen und die hundert anderen Herrlichkeiten, die ich täglich in mein Fleisch und Blut verwandele! Was Shakespeare unter den Dichtern ist, was Sie sind unter den Frauen, das ist der hiesige Wirtstisch im ›König von England‹ unter den Wirtstischen. In den 12 Tagen, daß ich hier bin, habe ich nicht einen Tag gegessen, was den andern. Die mannigfaltigsten Suppen, die ausgesuchtesten Mehlspeisen, das herrlichste Dessert, in steter Abwechslung … Es ist schon viel wienerische Sinnlichkeit hier, man sieht Dickbäuche und glänzende mit Butter geschmierte Gesichter. Auch viel südliche Lebhaftigkeit. Unter den etlichen dreißig Menschen am Tische ist ein solcher Lärm, als man in Frankfurt nicht hört, wenn viele hundert beisammen sind.«

Verhör im Hotel Silber

Karl Lieblich

Porträt Karl Lieblich. Fotografie von Albert Kurz, Stuttgart, um 1920.

Für seinen ersten Band mit Liebesgedichten erhielt er eine wohlwollende Besprechung des jungen Bertolt Brecht, der prophezeite, Lieblich werde einmal eine Berühmtheit werden; später sah Karl Lieblich (1895–1984) selbst sein Debüt kritisch, formulierte aber als Lebensziel, so gern gelesen zu werden, dass er sich nicht als Rechtsanwalt »um fremder Leute Streitigkeiten zu kümmern« brauche.

In Stuttgart als Sohn aus Galizien stammender Juden geboren, besuchte Lieblich das Karls-Gymnasium, studierte nach kurzen Ausflügen in die Medizin und Philosophie Jura und konnte nach Kriegsdienst im Ersten Weltkrieg und den Stationen als Referendar und Assessor 1923 eine eigene Kanzlei in Stuttgart eröffnen. Neben dem Beruf betrieb er seine schriftstellerische Karriere, publizierte Gedichte und Essays in Zeitungen und veröffentlichte mehrere Sammlungen mit historischen Novellen: *Die Traumfahrer*, *Die Welt erbraust* oder *Rausch und Finsternis*.

Anfang der 1930er-Jahre entwickelte Lieblich ein Interesse am Judentum und dem politischen Hintergrund, wodurch er in den Blick der Nationalsozialisten geriet. Die Reichsschrifttumskammer verbot ihm 1933 jegliche literarische Tätigkeit, Beamte der Gestapo beschlagnahmten »alle jüdischen Bücher« in seiner Kanzlei und seinem Wohnhaus in Botnang. Er selbst berichtete in einem Artikel davon und von seinen Vorladungen und Verhören im Hotel Silber, bei denen ihm für kritische Äußerungen mit Konzentrationslager gedroht wurde. Wenig später folgte das Berufsverbot als Rechtsanwalt, so dass Lieblich nichts übrig blieb, als mit seiner

Familie auszuwandern. Über Basel, wo er das Druckerhandwerk lernte, ging es nach Brasilien.

1958 kehrte Karl Lieblich in seine Heimatstadt zurück, konnte zwar von einer Erbschaft leben, fand aber keinen Anschluss mehr an die Literaturszene. In ihrem Nachruf erinnerte die Professorin Käte Hamburger (ebenfalls aus dem Exil kommend) an ihn als »einen Stuttgarter, der, so zurückgezogen er hier lebte, als Bürger dieser Stadt nicht vergessen werden darf«.

Bärenstraße / Ecke Sporerstraße

Flucht wegen Spielschulden

Giacomo Casanova

Wem einmal die Flucht aus den berüchtigten Bleikammern Venedigs gelungen ist, der schafft es auch aus dem »Bären«. Angezogen vom württembergischen Hofe Carl Eugens, den er als den glänzendsten von ganz Europa beschrieb, kam Giacomo Girolamo Casanova (1725 bis 1798) im Frühjahr 1760 nach Stuttgart. »Die Ballette wurden von Noverre einstudiert, der oft hundert Figuranten einsetzte, ein Maschinist baute ihm Dekorationen, die den Zuschauer fast an Zauberei glauben ließen. Alle seine Tänzerinnen waren hübsch, und jede rühmte sich, wenigstens einmal Seine liebessüchtige Durchlaucht beglückt zu haben.« Dies schreibt Casanova in der Geschichte seines Lebens und man kann sich denken, dass er in seiner Begeisterung am Stuttgarter Hof aneckte. Er klatschte bei Arien, was in Anwesenheit des Herzogs nicht erlaubt war, er benahm sich auch sonst in der ihm eigenen

Erinnerungsplakette für Giacomo Casanova, Bärenstraße.

vorwitzigen bis unverschämten Art und ließ sich unbesonnen auf ein Kartenspiel ein, bei dem er wohl von betrügerischen Offizieren reingelegt wurde und eine große Summe verlor. Diese Schuld konnte er nicht begleichen und wurde in seiner Unterkunft unter Hausarrest gesetzt, dem Gasthaus »Zum Goldenen Bären«.

1585 als Gaststätte und Herberge zum ersten Mal erwähnt, war das Gasthaus »Zum Goldenen Bären« ein großes Gebäude an der heutigen Sporerstraße zwischen Bären- und Münzstraße, gegenüber der Markthalle. An deren Stelle war damals ein freier Platz, der Bärenplatz, der 1811 in Dorotheenplatz umbenannt und nach einigen Jahrzehnten als Gemüsemarkt bebaut wurde.

In seinen Erinnerungen berichtet Casanova sehr ausführlich, wie er seine Befreiung plante – Herzog Carl Eugen war nämlich abgereist, ohne sich um die brisante Angelegenheit des italienischen Gastes zu kümmern. Mit Hilfe seiner Freunde, Freundinnen vor allem, wurden die Wertsachen (und man wundert sich, was er damals an Uhren, Tabaksdosen, Büchsen, Ringen etc. mit sich führte) unter den Kleidern versteckt herausgeschmuggelt. Dann konnte der wachhabende Soldat überlistet werden, Casanova entkam in der Dunkelheit aus dem »Goldenen Bären« und seilte sich durch ein an der Stadtmauer stehendes Haus von Bekannten auf die Landstraße ab.

Der OB als Bestseller-Autor

Manfred Rommel

Manfred Rommel (1928–2013) hält mindestens zwei Rekorde: Zum einen gibt es mehr Bonmots von ihm als über ihn, zum anderen hat er mit seinen Büchern Bestsellerauflagen erzielt. Beides hängt zusammen, denn es waren seine seit 1988 erscheinenden Sprüche, Witze, Gedichte und Parodien, die in immer wieder neuen Zusammenstellungen auf den Markt kamen und ein Millionenpublikum fanden. »Humor ist keine Sünde, sondern eine Tugend«, konstatierte er, denn Humor verhelfe dazu, nicht nur die Dinge, sondern auch sich selbst nicht zu ernst zu nehmen.

Rommels Blick für Seltsames und Komisches, sein Sinn für Pointen und trockenen, schwäbischen Sprachwitz (»Ehret die Alten, bevor sie erkalten«) machten ihn

Manfred Rommel zähmt Amtsschimmel oder Pegasus.

zum gefragten Redner und Autor: Die rund fünftausend Reden in seiner zweiundzwanzigjährigen Amtszeit als Stuttgarter Oberbürgermeister (von 1974 bis 1996) hat er weitgehend selbst geschrieben; seine Zeitungskolumnen waren allenthalben beliebt, auch wenn er sich gelegentlich gegen Mehrheitsmeinungen und sogar die eigene Partei stellte. So geschehen im Fall des Schauspieldirektors Claus Peymann, den er 1977 mit dem Argument verteidigte, dass kulturelle Entwicklung nur im Zustand größtmöglicher Freiheit denkbar sei, und im selben Jahr, als er die drei RAF-Terroristen Andreas Baader, Gudrun Ensslin und Jan-Carl Raspe trotz wütender Proteste auf dem Stuttgarter Dornhaldenfriedhof bestatten ließ. Denn, so sein Diktum: »Irgendwo muss jede Feindschaft enden; und für mich endet sie in diesem Fall beim Tod.«

Dass er selbst ein Jahr nach seinem Tod im November 2013 mit der Umbenennung des Stuttgarter Flughafens in Manfred-Rommel-Flughafen geehrt wurde, hätte ihn sicher gefreut, selbst wenn ein »Sackgässle« es für ihn angeblich auch getan hätte. Trotz seiner Parkinson-Erkrankung war er bis zuletzt publizistisch aktiv, seine Erinnerungen *Trotz allem heiter* sind ein Lehrstück über das Lernen und Leben von Toleranz.

In seiner Amtszeit wurden der Stuttgarter Literaturpreis und das Schriftstellerhaus begründet sowie eine Reihe mit Autorenlesungen im Rathaus veranstaltet.

Keine schlechte Klausur

Wolfgang Koeppen

Immer wieder tauchen in Wolfgang Koeppens (1906–1996) Roman *Das Treibhaus* Schilderungen auf, die an seinen Schreibort, das »Hotel am Marktplatz«, erinnern: Nicht nur ist der Bundestagsabgeordnete Kettenheuve Mitglied des Bauausschusses und befasst sich mit Bunkerwohnungen, Trümmerunterkünften und Notherbergen, er geht auch durch neonerleuchtete Gänge, atmet gekühlte Luft aus der Klimaanlage und wünscht sich zum Schreiben die Eremitenzelle eines profanen Klosters.

Im April 1953 reiste Koeppen nach Stuttgart, wo sein Verlag Scherz & Goverts beheimatet war, in der Tasche das halbfertige Manuskript für den zweiten Teil seiner Nachkriegstrilogie, der die restaurative Atmosphäre der jungen Bonner Republik aus dem Blick des pazifistischen Oppositionellen Kettenheuve beschreibt. Bis zur Vollendung des Buches wohnte und arbeitete der Autor in vier Stuttgarter Hotels, die längste Zeit im »Hotel am Marktplatz«, dem unter dem Marktplatz gelegenen Bunkerhotel, wie es im Volksmund und in Koeppens Briefen heißt: »Gestern sass ich von 8 Uhr früh bis 8 Uhr abends unentwegt im Bunker an der

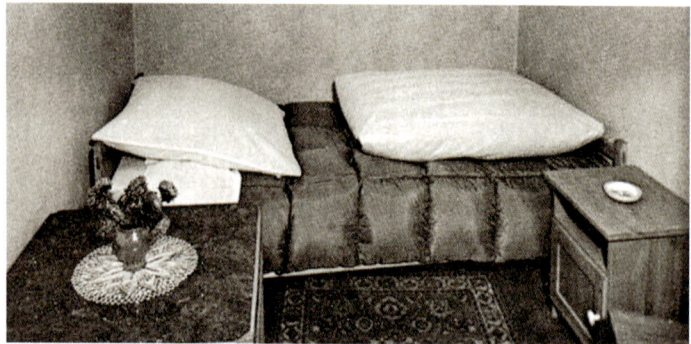

Einzelzimmer im »Bunker«-Hotel am beziehungsweise unter dem Marktplatz.

Maschine«, oder »Das Neonlicht strengt beim Schreiben die Augen an. Die Luft ist immer etwas dumpf. Das Geklapper der Maschine hallt von den Betonwänden des Bunkers laut zurück.«

Der 1941 von den Nationalsozialisten erbaute Tiefbunker, der mit seinen zweitausend Quadratmetern eintausend Menschen Platz bieten sollte, jedoch oft bis zu dreimal so viele fassen musste, wurde nach dem Krieg von der Gastronomenfamilie Zeller zum Hotel mit hundert Betten umgebaut. Die Übernachtung war günstig, fünf bis sechs Mark kostete das Einzelzimmer, dessen Maße von zwei auf drei Meter allerdings sehr an Gefängniszellen erinnerten. Offenbar konnte man sich dort nicht nur als ein strenge Askese benötigender Schriftsteller wohlfühlen: Der Kabarettist Werner Finck schrieb ins Gästebuch: »Tief runtergekommen und doch auf der Höhe: das Bunkerhotel in Stuttgart.«

Im Oktober 1985 wurde das Hotel geschlossen, aber heute können Interessierte noch bei der »Langen Nacht der Museen« die dreißig Stufen in die Tiefe hinabsteigen.

Der lebenslang von Schreibhemmung geplagte Wolfgang Koeppen kam später noch mehrmals nach Stuttgart, wohnte dann im Hotel »Ketterer« in der Marienstraße und konnte durch Vermittlung von Alfred Andersch im Auftrag des Süddeutschen Rundfunks Rom und London, Spanien und Frankreich, die Sowjetunion und die USA bereisen und für den »Radio-Essay« Reiseberichte verfassen.

Marktplatz – ehemaliges Gasthaus »Adler«

Donnerworte zum Tanzen

Christian Friedrich Daniel Schubart

Etwa an der Stelle zwischen dem Marktbrunnen und dem Herrenbekleidungshaus Breitling befand sich seit dem 16. Jahrhundert das Gasthaus »Adler«, das sich mit einem berühmten Stammgast schmücken konnte: Christian Friedrich Daniel Schubart (1739–1791).

Nachdem er 1787 nach zehn-
jähriger Haft auf dem Hohenasperg entlassen und von Carl
Eugen zum herzoglichen Thea-
ter- und Musikdirektor ernannt
worden war, lebte Schubart in
Stuttgart und durfte sogar seine Zeitschrift *Teutsche Chronik*
als *Vaterländische Chronik* fort-
führen. Von Besuchen berichtete Hölderlin gerührt – »es war
eine Freude, so eines Mannes
Freund zu sein«. Und Wilhelm
von Humboldt merkte kritisch
an: »Ein großer dicker Mann,
mit einem breiten, fetten Ge-

*Christian Friedrich Daniel
Schubart. Bleistiftzeichnung von
Joseph Freiherr von Goez.*

sichte, über dem linken Auge ein ziemlich großes Fleischgewächs,
dabei dickes, ungekämmtes Haar, ein schmutziger Schlafrock und
ein paar alte Pantoffeln. Ausdruck ist sehr wenig in seinem Gesicht, nur ein paar Züge über den Augen verraten die Heftigkeit
seines Charakters. Noch unverkennbarer aber ist diese, sobald er
nur zu reden anfängt.«

Allabendlich verkehrte Schubart im »Adler«, trank mit seinen
Freunden, dem Schieferdecker Leopold Baur, dem Advokaten und
Dichter Gotthold Friedrich Stäudlin und den Professoren an der
Carlsschule Balthasar Haug und Johann Friedrich Schlotterbeck.
Überliefert sind nicht nur die großen Mengen von Weinflaschen,
die dort geleert, sondern auch die feuchtfröhlichen Gelegenheits-
gedichte, die gereimt wurden. Zimperlich und zaghaft ging Schubart nie mit der Sprache um, im Gegenteil, er brachte »seine Don-
nerworte zum Tanzen«.

Während der vier Lebensjahre, die Schubart bis zu seinem Tod
noch blieben, wohnte er in der Langen Straße 1; ein paar Häuser
weiter in der Nummer 7 lebte seit 1776 die Familie Hegel – aber
ob der Musterschüler Georg Wilhelm Friedrich in dem alten Mann
dieselbe Sympathie für die Französische Revolution vermutete?

In diesem oder einem anderen »Adler« ist eine hübsche Anek-
dote angesiedelt:

Im Zentrum

Herzog Carl Eugen warf Schubart einen Dukaten ins Weinglas und sagte: »Bis ich im Sattel sitze, muß er ein Impromptu auf diese Aktion fertig haben, dann ist der Dukaten sein.« Er stieg auf und Schubart rief mit dem Glas in der Hand vom Fenster herab: »Zwei Götter können sich in einem Glase nicht vertragen, drum geh du Pluto in den Sack«, hier fischte er das Goldstück heraus und schob es ein, »du Bacchus in den Magen.« Damit leerte er das Glas.

Eichstraße

Die Kochet im Sonnengäßle

Ottilie Wildermuth

Als ich mein sechzehntes Jahr erreicht hatte, kamen meine Eltern zu der Ansicht, daß doch noch etwas Weiteres für meine Bildung geschehen sollte, und beschlossen, mich nach damaliger Sitte zu einer Art Universitätskursus in die Residenz zu schicken, wo die jungen Mädchen vom Lande sich in allerlei Künsten vervollkommnen konnten; ›man lernt Bildung und ’s Fransenstricken‹, bezeichnete es eine Frau Base.«

Nach ihrer Schulzeit verbrachte Ottilie Wildermuth (1817–1877), die in Rottenburg geboren und in Marbach aufgewachsen war, ein halbes Jahr zur Weiterbildung in Stuttgart, wo sie Kochen, Nähen, Französisch und Tanzen lernte.

»Früh morgens um acht ging’s hinab ins Sonnengäßle, so recht im Herzen des alten Stuttgart gelegen, zur Frau Huttenlocherin in die ›Kochet‹, wo ich noch die letzte Feile in dieser edlen Kunst erhalten sollte.« Die Kochet war eine Speise-

Ottilie Wildermuth, geborene Rooschüz. Gemälde von Sophie Pilgram, 1840.

anstalt für Familien, Fremde und solide ledige Herren, in der die jungen Mädchen ihre Kochkünste vervollkommnen sollten – sie durften sogar davon probieren.

Durch die Dame ihres Kosthauses und in Stuttgart wohnende Verwandte wurde Ottilie Wildermuth in diesem Jahr 1833 auch in das Bildungsbürgertum der Stadt eingeführt, sie lernte die Familien Schwab und Hartmann-Reinbeck, Justinus Kerner und Karl Mayer kennen, mit denen sie teils lebenslang befreundet blieb und die sie später immer wieder besuchte, als sie längst als Ehefrau des Philologen Wilhelm David Wildermuth, Mutter von fünf Kindern und Schriftstellerin in Tübingen lebte. Bekannt und beliebt sind ihre *Bilder und Geschichten aus Schwaben* und *Schwäbische Pfarrhäuser*, auch Bücher für Kinder und Jugendliche hat sie verfasst. Trotz der ausgesprochenen Lokalfärbung sind ihre Werke in fast alle Sprachen übersetzt. Ihre moralisch-erzieherische Haltung wurde weithin geschätzt, darauf spielt Karl Gerok mit seinem Reim an: »Wer ein gutes Weib will haben, nimmt ein Mädchen sich aus Schwaben. / Alle zieht die Wildermuth, drum geraten sie so gut.«

Weltgeist in der Flasche

Georg Wilhelm Friedrich Hegel

»Ohne Stuttgart kein Hegel, ohne Hegel kein Marx, ohne Marx kein Lenin und ohne Lenin keine Sowjetunion«, sagte der Oberbürgermeister Manfred Rommel gern und fügte ab 1990 hinzu: »Ohne Sowjetunion keine Perestroika, ohne Perestroika keine Wiedervereinigung«.

Streng hegelianisch ist das nicht, genauso wenig wie der Himbeergeist, der als Weltgeist in der Flasche ver- und ausgeschenkt wurde. Eine anschauliche Einführung in Leben und Werk des Philosophen Georg Wilhelm Friedrich Hegel (1770–1831) bietet ein Besuch der Ausstellung im Hegel-Haus in der Eberhardstraße 53.

Hier, im ehemaligen Elternhaus der Mutter, wurden er und seine Schwester Christiane Luise geboren. Zwei Jahre wohnte die Familie danach, ebenfalls zur Miete, in der Rotebühlstraße, 1776 kaufte der Vater, Georg Ludwig Hegel, der in der württembergischen Finanzverwaltung als Rentkammersekretär angestellt war, das Haus in der heutigen Lange Straße 7, damals in der Reichen Vorstadt gelegen. Es wurde im Zweiten Weltkrieg zerstört.

Christiane erinnerte sich an die Kindheit des Bruders: »Als Knabe von 3. Jahren wurde er in die deutsche u. im 5ten Jahr in die Lateinischeschule geschickt, in wel-

Das Hegelhaus noch eingebunden in die Häuserzeile, Anfang 1940er-Jahre.

chem Alter er schon die erste Declination und die dahin gehörigen lateinischen Wörter kannte, die ihn unsere sel[ige] Mutter lehrte, die, für die damalige Zeit, eine Frau von Bildung war u. darum vielen Einfluß auf sein erstes Lernen hatte.« Maria Magdalena Luise Hegel, geborene Fromm, stammte aus einer Advokatenfamilie und förderte zweifellos auch ihre Tochter, die später als Gouvernante und Französischlehrerin arbeitete.

Georg Wilhelm Friedrich Hegel besuchte das nahe in der Gymnasiumstraße gelegene Gymnasium illustre und schloss als Primus ab, 1788 begann er sein Studium im Tübinger Stift, dort teilte er sich die Stube mit Hölderlin und Schelling.

In Stuttgart erinnern heute die Hegelstraße und der Hegelplatz, ein Gymnasium und ein Saal im Kultur- und Kongresszentrum Liederhalle an ihn, seit 1970 wird in seinem Namen ein Preis für herausragende geisteswissenschaftliche Leistungen verliehen.

Über den Arkaden am Hauptbahnhof lesen aufmerksame Spaziergänger ein Zitat Hegels, das der Künstler Joseph Kosuth in Neonbuchstaben angebracht hat: »… daß diese Furcht zu irren schon der Irrtum selbst ist«.

Es gibt ein richtiges Leben im Falschen

Peter O. Chotjewitz

Naturgemäß besitzt ein Buch wie *Mein Freund Klaus* von Peter O. Chotjewitz (1934–2010), das sich Roman nennt, aber eigentlich eine Art Biografie des RAF-Verteidigers Klaus Croissant darstellt, sehr viele Schauplätze zwischen Nürtingen und Berlin, Heidelberg und Wien. Stuttgart steht jedoch im Zentrum – und die Stuttgarter Gesellschaft zwischen 1959 und 1977, deren Psychogramm Chotjewitz anschaulich zeichnet.

In Berlin geboren, in Nordhessen aufgewachsen, studierte Chotjewitz Jura und nach der Referendarzeit Publizistik, Geschichte und Philosophie. Die Ereignisse des »Deutschen Herbstes« bildeten den Hintergrund seines ersten erfolgreichen Romans, *Die Herren des Morgengrauens*, der 1978 erschien; publiziert hatte er seit 1965, zuerst kühn-experimentelle, frech-sprachwitzige Prosa, angesiedelt im Berliner Milieu der 1968er-Jahre, später Biografisches wie das *Wespennest* und viele Erzählungen. Ein wichtiges Thema waren Italien und italienische Kulturgeschichte vom antiken Rom über Leonardo da Vinci bis Dario Fo, dessen Werk er übersetzte.

Nicht erst seit seinem Umzug nach Stuttgart 1995 war er in der Stadt bekannt, dann aber omnipräsent: »Ich immer gentlemanlike. Oberhemd, Fliege, Weste, Sakko, dunkelgraue 100-Gramm-Hose, aber jeder Penner am Wegesrand hält mich für einen seinesgleichen, winkt mir zu, quatscht mich an, erzählt mir seine Geschichte.« In seinen letzten Jahren wirkte Chotjewitz im Dreiteiler oder sommers im weißen Leinenanzug, meist mit Hut und Stock mit Silberknauf, wie ein Bourgeois – doch blieb er stets der aufrechte Linke.

Begegnen konnte man ihm im Theater und im Literaturhaus, in den Bibliotheken oder in der Altstadt. Dass Chotjewitz für das »Selbstgespräch I« ausgerechnet das »Café Weiß« in der Geißstraße 16 gewählt hat, ist jedoch kein Zufall. Dort traf er nämlich auf den Buchhändler Wendelin Niedlich, der in dieser Kneipe in den 1980er-Jahren einmal im Monat Schauspieler vom Staatstheater den ganzen Proust'schen Romanzyklus *Auf der Suche nach der verlorenen Zeit* vorlesen ließ. Das hat zum Kultstatus des Ortes unter den Buchmenschen sicher beigetragen, ansonsten gilt bis heute die Beschreibung von Chotjewitz: »Das ›Café Weiß‹ in der Stuttgarter Altstadt, drei Schritte vom Hans-im-Glück-Brunnen entfernt, besteht nur aus zwei Räumen,

Peter O. Chotjewitz, 2008.

wenn ich mal von der Küche und den Toiletten absehe. Der vordere Raum mit dem Ausschank ist eigentlich eine stinknormale Abfüllstation, Typ Wohnzimmer für verlotterte Bohemiens mit Butzenscheiben, ohne Qualm nicht vorstellbar.«

Eberhardstraße 61 – Tagblatt-Turm

Turmhoch empor

Jella Lepman

Mit dem Tagblatt-Turm erhielt Stuttgart 1928 ein unübersehbares Zeichen als eine Metropole der Moderne. »Stuttgart empor!« titelte das *Stuttgarter Neue Tagblatt* in seiner Sonderausgabe zur Eröffnung und sah das mit achtzehn Stockwerken und einundsechzig Metern erste Hochhaus Württembergs als Beweis dafür, dass die Bürger der Stadt nun willens seien, über den Kranz ihrer schönen Berge hinauszusehen und auch das jenseits des Tellerrands stattfindende Leben wahrzunehmen. In derselben Ausgabe schrieb Jella Lepman (1891–1970) über die Stuttgarterin

Tagblatt-Turm, Ende 1920er-Jahre.

von heute: »Längst ist der Horizont der schwäbischen Frau nicht mehr von den Hügeln ihrer Heimatstadt begrenzt«, auch sie strebe in die Weite, schreite wie Stuttgart selbst mit der neuen Zeit und fühle in sich den Geist, der ihre Stadt turmhoch emporführt.

Jella Lepman arbeitete in den 1920er-Jahren als erste Redakteurin beim *Tagblatt*, betreute das Ressort Gesellschaftspolitik und engagierte sich in der Deutschen Demokratischen Partei neben Theodor Heuss und Reinhold Maier. Früh verwitwet, schrieb die alleinerziehende Mutter neben ihrem Beruf ein Kinderbuch und ein Theaterstück für Kinder, das im Kleinen Haus seine Uraufführung erlebte.

Nach der Machtübernahme der Nazis wendete sich der Geist sofort: Der Arbeitsvertrag der Jüdin Jella Lepman wurde aufgelöst, eine Weile durfte sie noch als freie Mitarbeiterin publizieren, dann musste sie nach England emigrieren.

Im Rahmen des »Re-Education«-Programms kehrte sie 1945 als »Adviser« in ihre zerbombte Heimatstadt zurück und kam vor den leidlich intakten Tagblatt-Turm. In ihren Erinnerungen berichtet sie, wie der Pförtner herausstürzte und wild herumzufuchteln begann: »›Sie sind wieder da, grüß Sie Gott! Nun wird alles gut!‹ Es war eine bemerkenswerte Vorstellung, wenn man in Betracht zog, daß er zwölf Jahre in eben diesem Verschlag gesessen hatte, um jeden Eintretenden mit einem schmetternden ›Heil Hitler‹ zu begrüßen.«

Die Setzer und Drucker kamen herbei, »die Begrüßungen überstürzten sich, der Refrain war stets derselbe: ›Der Spuk ist vorbei, nun wird alles wie früher sein!‹ So einfach war das, gestern war gestern, heute war heute, es verschlug einem den Atem. Nicht nur aus Erschütterung, daß eine der furchtbarsten Katastrophen der Weltgeschichte ohne weiteres übersprungen wurde, sondern daß es mit solcher Selbstverständlichkeit geschah.«

Jella Lepman beschloss, mit Kinderbüchern zur internationalen Verständigung beizutragen, sie stellte bereits 1946 eine Ausstellung zusammen und gründete in München die Internationale Jugend-bibliothek. In Stuttgart erinnert an sie ein Kabinett auf der Kinder-ebene der Stadtbibliothek und seit 1999 eine (sehr kurze) Straße im Stuttgarter Süden.

Eberhardstraße 61 – Tagblatt-Turm

Kugelfuhr

Josef Eberle / Sebastian Blau

> *»Wenn d Stuggarter Fasnet habet,*
> *noh spennet se ond begrabet*
> *beim Omzug scho' d Fasnet still und leis:*
> *ma' hört kei' Juzge', kei Lache', kei' Gschrei …*
> *Narr, d Stuggarter könnet net narret sei',*
> *ond wend ses, noh send se baös.«*

Sebastian Blau alias Josef Eberle (1901–1986) wusste, wovon er in seinem Gedicht »Stuegeter Fasnet« schrieb, denn als gebore-ner Rottenburger kannte er ein richtiges Fasnetstreiben – attestiert den dortigen Bürgern im Parallelgedicht aber auch »en Sparre«.

Nach seiner Lehre bei Heckenhauer in Tübingen arbeitete Josef Eberle erst als Buchhändler, seit 1927 war er beim neu gegründeten Süddeutschen Rundfunk in Stuttgart tätig. Dieses Medium hatte Einfluss auf seine literarische Produktion: Er begann Mundart-gedichte zu schreiben und wählte – als Hommage an Sebastian Sailer, den barocken Dichter von Komödien im oberschwäbischen Dialekt – das Pseudonym Sebastian Blau. 1933 erschien der Band *Kugelfuhr*, 1934 folgte *Feierobed*.

Josef Eberle bei einer Lesung in Rottenburg, 1973.

Von den Nationalsozialisten wurde Eberle entlassen und erhielt Schreibverbot, fand Asyl im Haus seiner jüdischen Schwiegereltern und Beschäftigung im amerikanischen Konsulat in Stuttgart. Die Amerikaner machten ihn im September 1945 mit Henry Bernhard und Karl Ackermann zum Lizenzträger der *Stuttgarter Zeitung*, ein Jahr später wurde Erich Schairer neben ihm Herausgeber. Jener hatte Eberle einst gefördert und in seiner unabhängigen *Sonntags-Zeitung* Gedichte, Glossen, Satiren und anderes von ihm gedruckt.

Neben seiner Tätigkeit als alleiniger geschäftsführender Herausgeber und Chefredakteur der *Stuttgarter Zeitung* begann Josef Eberle in den 1950er-Jahren unter dem Pseudonym Josephus Apellus lateinische Verse und als »der alte Wang« Chinoiserien zu schreiben. In der Deutschen Schillergesellschaft war er Vizepräsident und vermittelte das Cotta-Archiv nach Marbach.

Heute verbindet man mit dem Namen Sebastian Blau eine Reihe »klassischer« schwäbischer Formulierungen: »Ond evangelisch send se ao«, »Dehoam sei' ond doch Jomer hao'« oder »Wa hend er denn? Dear lebt doch noh – wenn ao en anderer Fasso«.

Schauspielergedanken

Robert Walser

Anfang September 1895 traf, aus der Schweiz kommend, ein siebzehnjähriger Commis in Stuttgart ein. Nachdem sein Lieblingsbruder Karl bereits einige Monate hier lebte, um das Handwerk des Dekorationsmalers zu erlernen, wollte sich auch Robert Walser (1878–1956) eine Stelle suchen, irgendwo auf einem Kontor. Er fand Arbeit bei der Union Deutsche Verlagsgesellschaft in der Hauptstätterstraße 107/109. Von seinem Arbeitsplatz in der Inserate-Abteilung ist in seinem Prosastück *Die Brüder* (1916) nicht die Rede; seine angenehmen Erinnerungen beziehen sich auf Spaziergänge und Scherze, atmen den Geruch einer bisher nicht gekannten Freiheit: »Du geleitetest mich freundlich durch die Straßen in eine gewisse Gerbergasse hinein und dann hinein in die berühmte und sicher uns allen beiden unvergeßliche Herberge zur Heimat, wo wir gemeinsam ein Zelt aufschlugen oder mit anderen Worten eine Stube bezogen, um gemeinschaftlich darin zu wohnen und zu hausen, was sicher nur unser Vorteil und nicht unser Nachteil war. Entzückend, so schwöre und behaupte ich, sind erste kühne Künstler-Flugversuche, die mit öfteren Abstürzen verbunden sind. Aber ist das Hüte aus dem Fenster Hinaus- und auf Passanten in die Straße Herabwerfen nicht vielleicht noch fast schöner als alles Malen, Musizieren und Dichten?«

Robert Walser im Räuber-Kostüm. Aquarell von Karl Walser, 1894.

Ob das Hütewerfen stattfand? Fest steht, dass die beiden Brüder in einer »Herberge zur Heimat« gewohnt haben, einem Gesellenhaus in der Gerberstraße 2a/b, wie dort eine Plakette bezeugt.

Sicher ist auch, dass sie zu Stehparterre-Stammgästen im König-lichen Hoftheater wurden und Robert Walser voller Leidenschaft für die Bühne, aber offenbar ohne überzeugendes Talent vorsprach. Das Erlebnis verarbeitete er in zwei Geschichten; in *Die Talent-probe* erklärt eine königliche Hofschauspielerin dem jungen Mann: »Sie mögen der glühendste Mensch innerlich sein, zerwühlt mei-netwegen von herzlichen Leidenschaften, doch es kommt nichts an Ihnen zur Erscheinung, nichts zum Ausdruck.«

Im Herbst 1896 zog Karl Walser in Richtung Straßburg, um auf der Kunstgewerbeschule zu studieren, Robert wanderte über Tübingen, Hechingen und Schaffhausen zurück nach Zürich. Nach Stuttgart kam er zeitlebens wohl nicht mehr und hätte sich vielleicht über die »Robert-Walser-Tage« gewundert, die in den 1980er-Jahren auf Initiative des Buchhändlers Wendelin Niedlich mehrmals veranstaltet wurden.

Ecke Marien- / Rotebühl- / Königstraße

Bratkartoffeln und Federkissen

Stendhal

Viel ist es nicht, woran sich der französische Romancier Stendhal bei seinem zugegebenermaßen auch recht kurzen Aufenthalt in Stuttgart erinnert. Er berichtet über ein Abendessen, das von seinen Begleitern einmütig als schlecht bezeichnet wurde, aber von ihm als »gut, denn es gab Bratkartoffeln, die genau richtig waren«. Es folgte dann aber eine Nacht, die er bis fünf Uhr »un-ter einem dieser verdrießlichen Federkissen, die in Deutschland als Bettdecke bezeichnet werden«, durchlitt, und ein Morgen, an dem er nur mit Mühe an der nahegelegenen Poststation Pferde re-quirieren konnte. Nur wegen einer Autorität ausstrahlenden Uni-form, lauthals krakeelend und mit Hilfe eines Zwei-Florin-Stücks sei ihm das gelungen, auf dass er mit seinen Kameraden nach Ulm weiterreisen konnte.

Ehemaliger Gasthof »Zum Römischen Kaiser« (Mitte). Aquarell August Federer, um 1850.

Stendhal, eigentlich Marie-Henri Beyle (1783–1842), war in diesem Frühjahr 1809 nicht als Schriftsteller unterwegs, sondern reiste als Kriegskommissar, als »ein kleines Rädchen im napoleonischen Machtapparat«, der »Grande Armée« hinterher, von Kehl über Karlsruhe, Pforzheim, Stuttgart, Ulm, entlang der Donau bis nach Wien. In seinem Tagebuch äußerte er sich zunächst begeistert, genoss die Landschaften, das Wetter, die schönen Frauen. »Dieses Leben entzückt mich. Ich fühle mich in völliger Übereinstimmung mit meinem Selbst«, schrieb er noch im April an seine Schwester Pauline.

Ab Landshut säumen dann mehr und mehr die schlimmen Spuren des Kriegs den Weg und Stendhals weitere Berichte sind nicht mehr in der Stimmung eines heiteren Schlachtenbummlers verfasst, sondern zeugen von Chaos und Schrecklichem.

Das Haus, in dem Bratkartoffeln positiv und Federkissen negativ beeindruckten, war der Gasthof »Zum Römischen Kaiser«, gelegen an der Ecke Marien-, Rotebühl-, Königstraße, in dem man bereits um 1700 und bis 1826 abstieg. In die Literatur ist das Wirtshaus noch einmal eingegangen: Goethe hatte hier, »im Bauche des Römischen Kaisers« bei seinem zweiten Stuttgart-Besuch 1797 »eines der schlimmsten Wanzenabenteuer« zu bestehen.

Die »Morgenblattlaus«

Therese Huber

Ihre Kommentare über die hiesige Gesellschaft fielen nicht immer wohlwollend aus: unhöflich und steif, untertänig, sparsam und fromm seien die Stuttgarter. Nun war Therese Huber (1764 bis 1829) auch im liberalen Klima Göttingens aufgewachsen, mit dem weltoffenen Forschungsreisenden und späteren Revolutionär Georg Forster verheiratet, um dann an der Seite ihres zweiten Mannes Ludwig Ferdinand Huber zur Schriftstellerin zu werden – und daneben zehn Kinder zu gebären. Ihre Romane erschienen allerdings unter seinem Namen, weil Frauen schlechter bezahlt und arbeitende Mütter der Vernachlässigung ihrer Kinder bezichtigt wurden.

1798 wurde Ludwig Ferdinand Huber Redakteur der in Cottas Verlag erscheinenden *Allgemeinen Zeitung*, die Familie zog nach Stuttgart, wohnte in der Langen Straße (heute Ecke Firnhaberstraße), bis die rigide württembergische Zensur die Zeitung ins bayerische Ulm trieb.

1816, zwölf Jahre nach dem Tod ihres Ehemanns, bot Johann Friedrich Cotta Therese Huber die Stelle als Redakteurin des *Kunst-Blatts* an, kurz darauf übernahm sie das *Literatur-Blatt* und 1817 zu den Beilagen die Redaktion des gesamten *Morgenblatts für gebildete Stände*. Und sie arbeitete daran »mit lebendigem Eifer«. Dies machte sich bemerkbar: Unter ihrer Ägide avancierte die Zeitschrift von einer provinziellen zur national beachteten Publikation und die Auflage stieg von 1750 auf 2000 Exemplare. Sie sollte »Allen etwas« bringen, das hatte der Verleger als Ziel vorgegeben.

Trotz ihrer Proteste musste Therese Huber damit leben, dass ihre

Scherenschnitt von Luise Duttenhofer.

männlichen Kollegen deutlich besser honoriert wurden als sie selbst, und mit Cotta führte sie zudem Auseinandersetzungen wegen seiner inhaltlichen Einmischung. Allerdings hielt sie mit ihren Abneigungen auch nicht hinterm Berg, Jean Pauls und Ludwig Börnes Beiträge sagten ihr nicht zu, umgekehrt nannte Letzterer sie die »Morgenblattlaus« und einen satirischen Drachen: Sie mache sich über alles und alle lustig, besonders über die Mitarbeiter und Mitarbeitsuchenden beim *Morgenblatt*. Jean Paul charakterisierte sie als nicht schön, aber »voll Geist und Herz«.

In diesen Stuttgarter Jahren hatte Therese Huber verschiedene Adressen, zuerst wohnte sie von 1816 bis 1822 in der Alten Poststraße 4, dann in einer helleren Wohnung in der Hirschgasse. Ende Oktober 1823 zog sie endgültig nach Augsburg um. Im Alter blickte sie auf ihr Leben zurück und befand: »Ich erbaute, ich schuf mein geistiges Selbst.«

Königstraße 31 und 42

Medienmogul des 19. Jahrhunderts

Johann Friedrich Cotta

Das war ein Mann, der hatte die Hand über die ganze Welt«, schrieb Heinrich Heine über Johann Friedrich Cotta, den Verleger von Schiller und Goethe. Auch Ludwig Uhland, Gustav Schwab, Justinus Kerner, Jean Paul, Heinrich von Kleist, Alexander von Humboldt, Varnhagen von Ense und viele andere publizierten in seinem Verlag. Zuzeiten schien er wie ein Magnet auf Schriftsteller zu wirken: Alle reisten an.

Seine Kindheit und Jugend verbrachte Johann Friedrich Cotta (1764–1832) in Stuttgart, wo das Elternhaus mit Schriftgießerei und Druckerei am Großen Graben lag, heute Königstraße 42. Nach dem Besuch des Gymnasiums illustre ging er zum Jura-

Studium nach Tübingen. 1787 kaufte er von seinem Vater die J. G. Cotta'sche Buchhandlung und konnte Verlag und Sortiment in kurzer Zeit konsolidieren. Mit Gespür für den Zeitgeist verlegte er neben literarischen und wissenschaftlichen Büchern Almanache, Kalender, Tafelwerke und Landkarten, vor allem wurde er der erfolgreichste Verleger von Zeitungen und Zeitschriften im 19. Jahrhundert; das *Morgenblatt für gebildete Stände* erschien fast sechzig Jahre lang. Um sich besser um die

Johann Friedrich Freiherr Cotta von Cottendorf. Lithografie von unbekannter Hand.

Redaktionsgeschäfte kümmern zu können, den Weiterbetrieb der Druckerei nach dem Tod seines Vaters zu ordnen und wegen des im selben Jahr gemeinsam mit Gottlob Heinrich Rapp begonnenen lithographischen Instituts, der kommerziellen Steindruckerei, weilte Cotta seit 1807 häufiger in Stuttgart. Auch wegen der besseren Postverbindung und einer sich intensivierenden Beziehung zum württembergischen Hof entschloss er sich zum Umzug und erwarb ein Haus in bester Lage auf dem Graben, heute Königstraße 31. Anders als das enge, bescheidene Häuschen in Tübingen sollte dies ein Ort standesgemäßer Lebensführung sein.

Für den Verlag bedeutete die Übersiedlung nach Stuttgart eine neue Epoche: 1811 wurde ein Rückgebäude für die eigene Druckerei errichtet, auf deren vier Pressen das *Morgenblatt* und Schillers Werkausgabe gedruckt wurden.

Als Verleger von Weltruhm und früher Medienmogul, der sich als Politiker für Pressefreiheit und Urheberrechte einsetzte, als Hotelier in Baden-Baden, Betreiber der Dampfschifffahrt auf dem Bodensee und eines Hofguts in Dotternhausen, war Cotta eine moderne, ehrgeizige und vordenkende Persönlichkeit. Er starb am 29. Dezember 1832 in Stuttgart und wurde auf dem Hoppenlau-Friedhof begraben.

Hauptpulsaderstrom

Eduard Paulus

> *»Königstraße, meine Wonne,*
> *O was wär' ich ohne dich,*
> *Auf dein Pflaster scheint die Sonne,*
> *Wenn es noch so winterlich.*
> *Schon seit zwanzig Jahren schreite*
> *Ich an deiner Sommerseite,*
> *Wurde niemals deiner satt,*
> *Hauptpulsaderstrom der Stadt.«*

In seiner Hymne *Meine Straße* zählt Eduard Paulus (1837 bis 1907) dann auf, wer ihm dort alles begegnet, und es ist keine Frage, dass er sich über die Dichter, in deren Eingeweiden sich »kolossale Dramen« drehn, die »Redakteure dann der Blätter, / Jene mager, diese fetter«, oder den eigenen »Verleger, drei Kritiken in der Faust« lustig macht. Ebenso wenig sollte man seinen berühmten und oft falsch zitierten Vierzeiler ernst nehmen:

> *»Der Schelling und der Hegel,*
> *der Schiller und der Hauff,*
> *das ist bei uns die Regel,*
> *das fällt hier gar nicht auf.«*

Erschienen sind diese Zeilen 1897 im Band *Arabesken* als Teil einer politischen Komödie. Darin rezitiert ihn der Gelbfüßler, einer der Sieben Schwaben. Aber es steht noch etwas davor:

> *»Wir sind das Volk der Dichter,*
> *Ein jeder dichten kann,*
> *Man seh' nur die Gesichter*
> *Von unser einem an.«*

Königstraße. Tonlithografie, Ende des 19. Jahrhunderts.

Als arrogantes Eigenlob der Schwaben sollte man das also nicht lesen – oder höchstens mit ironischem Augenzwinkern, denn drei der vier Genannten haben außerhalb des Landes Karriere gemacht.

Der Kunsthistoriker und Landeskonservator Eduard Paulus hat sich als Limesforscher und bei der Ausgrabung der Heuneburg Verdienste erworben, und daneben eine Reihe von Büchern über Kunst- und Altertumsdenkmale sowie Gedichte und Humoresken veröffentlicht.

Kronprinz- / Ecke Kienestraße – Ehemaliger Landtag

Rede gegen die Todesstrafe

Ludwig Uhland

» Ist die Todesstrafe nicht notwendig, so ist sie auch nicht zulässig. Dieses setze ich als anerkannt voraus. Von der Notwendigkeit, sie in die neue Strafgesetzgebung aufzunehmen, bin ich nicht überzeugt worden.« So heißt es in einer der wichtigen (und letzten) Reden von Ludwig Uhland (1787–1862) im Halbmondsaal des Landtags, in der er sich gegen die Todesstrafe wandte. In den Jahren als Abgeordneter zunächst in der Ständeversammlung von 1819 bis 1826, dann im Württembergischen Landtag von 1832 bis 1838 ergriff er das Wort auch für die Pressefreiheit und unerlaubten Nachdruck, für den Schutz der Bürger vor überflüssigen Untersuchungen, gegen Denunziation und für die vollen bürgerlichen Rechte der Israeliten. Er warnte vor verknöcherten Behörden, forderte staatliche Unterstützung der Volksschulen und den freien Zugang aller zur öffentlichen Bibliothek in Stuttgart.

In Tübingen geboren, zog Uhland 1812 nach Stuttgart, wo er zunächst als Angestellter im Justizministerium, dann als freier Advokat und Politiker tätig war. Sein Pflichtbewusstsein ist sprichwörtlich – sogar am Tag der Hochzeit mit Emilie Vischer im Mai 1820 verbrachte er den Morgen im Ständehaus und ging gleich nach der Trauung in der Hospitalkirche noch einmal dorthin zurück. Emilie Uhland, die ihren Mann später auf vielen Reisen begleitete, berichtet dies in ihren Erinnerungen.

Je stärker Uhland sich politisch engagierte, desto mehr zog er sich von der Poesie zurück; Heine sprach von Verstummen und erklärte dies »aus dem Widerspruch, worin die Neigungen seiner Muse mit den Ansprüchen seiner politischen Stellung« geraten seien. Gleichwohl erlebten seine erstmals 1815 bei Cotta erschienenen, gesammelten Gedichte bis zu seinem Tod über vierzig Auflagen, Ludwig Uhland wurde in einem Atemzug mit Goethe und Schiller genannt, war vielleicht wegen seiner Volksnähe zeitweise sogar populärer: »Ich halt es mit dem schlichten Sinn / Der aus dem Volke spricht.«

Heute kennt man nur noch wenige seiner Gedichte, *Die Kapelle*, *Schwäbische*

Ludwig Uhland,
Fotografie von 1861.

Deputierte im Halbmondsaal des Landtags, 1833.

Kunde, Die Ulme zu Hirsau und wohl einige seiner Trinklieder: O *schafft mir, schafft mir Wein.* Den genoss er, gern im Wirtshaus »Zum Schatten« in der verschwundenen Bandstraße hinter dem Rathaus.

Kanzleistraße 8 (heute Kleiner Schloßplatz)

Starker spanischer Pfeffer

Iwan Turgenjew und Pauline Viardot-Garcia

S chon im Sommer 1864 hatte sich der russische Schriftsteller Iwan Turgenjew (1818–1883), der seit einem Jahr in Baden-Baden lebte, bei seinem Freund Moritz Hartmann nach Eduard Mörike erkundigt, er sei »nämlich sein grosser Verehrer« und schätze ihn als Dichter und Menschen hoch ein.

Zu einer ersten persönlichen Begegnung kam es am 31. Januar 1865. Hartmann und Turgenjew besuchten Mörike in der Kanzleistraße – dieser bekannte, von dem vielgerühmten Novellisten noch nichts gelesen zu haben, während jener angeblich den *Turm-*

Die Sängerin Pauline Viardot-Garcia.

hahn fast vollständig rezitieren konnte. Die Gäste priesen vor allem die Kunst der Sängerin Pauline Viardot-Garcia (1821–1910), die an diesem Tag bei einem Festkonzert zu Ehren von Franz Schuberts Geburtstag in der Liederhalle mit Schubert-Liedern Begeisterungsstürme bei den Mitgliedern der Künstlervereinigung »Strahlendes Bergwerk« auslöste.

Die in Paris geborene Tochter einer spanischen Musikerfamilie feierte als charismatische Mezzosopranistin Erfolge auf den europäischen Opernbühnen, im Stuttgarter Hoftheater sang sie in jenen Jahren in Rossinis *Barbier von Sevilla* und Bellinis *Norma*, auch in Pergolesis *Stabat mater* trat sie auf. Daneben komponierte sie, hatte, wie ihr langjähriger Geliebter Turgenjew nach Stuttgart meldete, »6 Gedichte von Mörike in Musik gesetzt«, die sie ihm mit großer Freude vorsingen möchte, darunter *In der Frühe, Nixe Binsefuß, Das verlassene Mägdlein, Der Gärtner* und *Agnes.*

Vor ihrem nächsten Aufenthalt in Stuttgart bat Turgenjew Hartmann um eine Einladung zusammen mit Mörike; dieser notierte dann in seinem Kalender unter dem 5. April 1865: »Bei Moritz Hartmann mit Gretchen zum Caffee, wo Frau Viardot-Garcia uns v. meinen Liedern, nach eigner Compos. vorsingt.«

In späteren Briefen kommt er mehrmals, aber knapp, darauf zurück. Bei Turgenjew liest es sich emphatischer: »Dem Mörike hat sie in meiner Gegenwart seine von ihr componirten Lieder vorgesungen – und der alte Sonderling war ganz ausser sich, lief auf und ab wie ein Besessener.« Später erzählte man sogar von Mörikes »wachsender Teilnahme und Ergriffenheit«, bei einer »besonders scharf gewürzten und stark kolorierten Komposition« habe er zusammenzuckend und verbindlich lächelnd bemerkt: »Das ist aber starker spanischer Pfeffer!«

Eine Kindheitserinnerung

Isolde Kurz

» Mein nächster bleibender Eindruck war ein frischgefallener Schnee in den Straßen von Stuttgart, den ich mit inniger Freude für Streuzucker ansah. Dann aber kam eine Stunde unvergeßlichen Jammers. Unsere Josephine … hatte mich im Wägelchen auf den Schloßplatz geführt und unter der sogenannten Ehrensäule, die auf einem, wie mir schien, himmelhohen Unterbau eine Gruppe von Steinfiguren trägt, mit mir angefahren. In einer dieser Gestalten glaubte ich unsere Mutter zu erkennen und rief sie erschrocken an herabzukommen. Da sie sich nicht regte, schrie ich immer ängstlicher und flehender mein ›Mamele, komm lunter‹. Dieses starre, steinerne Dastehen flößte mir eine bange Furcht, ein wachsendes Grauen ein, ich begann zu ahnen, daß es ein Entrücktsein geben könne, wo kein Ruf die geliebte Seele mehr erreicht. In meinen Jammer mischte sich noch ein dunkles Schuldgefühl, als ob dieses Unglück die Strafe für irgendeine von mir begangene Unbotmäßigkeit wäre, ich brach in ein fürchterliches Wehgeschrei aus und blieb für alle Tröstungen taub, während man mich schreiend die ganze Königstraße entlang nach Hause führte, wo erst der lebendige Anblick der für verloren Beweinten mir den Frieden wiedergab.«

Isolde Kurz im Alter von etwa zwanzig Jahren.

Den Kummer eines kleinen, vielleicht zwei- oder dreijährigen Mädchens kann man sich vorstellen, wenn die sehnsuchtsvoll gerufene Mutter überhaupt nicht reagiert!

Isolde Kurz (1853–1944) wurde als Tochter von Hermann Kurz und Marie von Brunnow in der Paulinenstraße (das Haus Nr. 19 trägt eine Tafel) geboren, wo die Familie mit einer Tochter und vier Söhnen einige Jahre wohnte. Später zog Isolde Kurz aus der schwäbischen Provinz nach München, lebte lange als Schriftstellerin in Florenz und Forte dei Marmi, eine Art Mittlerin zwischen den Kulturen. Die Toskana bildet den Schauplatz ihrer lesenswertesten Romane und Erzählungen; hierzulande wurde sie vor allem durch ihre Erinnerungsbände wie *Aus meinem Jugendland* bekannt. Gestorben und begraben ist Isolde Kurz in Tübingen.

Königstraße / Ecke Bolzstraße – Hotel »Marquardt«　

Schwamm im Glück

Joachim Ringelnatz

Stuttgart ist schön, gegen dieses Scheißmünchen ein Paris.« Derartiges hört man gern und Joachim Ringelnatz (1883–1934) musste es ja wissen. In München hatte seine Karriere begonnen, dort lebte er in den 1920er-Jahren, wenn er nicht auf den Kleinkunstbühnen im gesamten deutschsprachigen Raum zwischen Hamburg und Wien, aber auch in Paris und London gastierte – und vier Mal von 1928 bis 1931 in Stuttgart.

»Ich trete hier ziemlich vornehm auf«, schrieb er an seine Frau Leonarda, die er »Muschelkalk« nannte, »verkehre im ersten Hotel; aber das wirkt sich gut aus!! Heute spreche ich im Radio.« Ringelnatz wohnte im Hotel »Marquardt« und seine Bühne war die Bar »Excelsior« in der Gaststätte »Bauhütte«, die um 1900 nahe dem Stadtgarten in der Büchsenstraße errichtet worden war.

Das *Stuttgarter Neue Tagblatt* berichtete: »Seine Vorträge im Stadtgarten, die aus verschiedenen Gedichtsammlungen entnom-

Hotel »Marquardt«, Ecke Königstraße / ehemalige Schloßstraße.

men waren, gaben keinen Grund zu sittlicher Entrüstung, Ringelnatz blieb durchaus im Rahmen.« Ob er sein Stuttgart-Gedicht rezitierte? Darin heißt es: »Ich kam nach Stuttgart, dort trank ich Steinhäger, Denn mit dem schwäbischen Wein / Scheint mir nicht allzuviel los zu sein. / Wenigstens nicht mit dem billigen«, und weiter: »Ich persönlich schwamm dort wie ein Schwamm im Glück / Heißt: Ich soff mich voll und ließ mich treiben.«

Zwar bediente Ringelnatz gern das Klischee des trinkfesten Seemanns, war aber ein disziplinierter Schauspieler, der von niemandem zu übertreffende, beste Interpret seiner Gedichte. Alles klang offenbar improvisiert, als ob ihm die Verse eben erst eingefallen wären.

Obwohl er etabliert, beim Publikum bekannt, bei den Zeitgenossen als Humorist angesehen war, reichten die Honorare für die Bücher und Auftritte nie zu einem sorgenfreien Leben; auch in den Briefen aus Stuttgart ist immer wieder vom Geld die Rede. Bei Einladungen aß er sich ordentlich voll, wenn vorhanden, wurden »Scheinchen« nach Hause geschickt, aber Ringelnatz musste gelegentlich ohne Bezahlung auftreten, 1931 sogar beklagen: »Das ›Excelsior‹ ist oft leer, weil die Schwaben ängstlich mit Geld sind.« Und sie waren damals misstrauisch, wenn man einem Gedicht wie *Stuttgarts Wein- und Bäckerstübchen* Glauben schenken darf. Es endet: »Setzte mich so ganz bescheiden hin / Und vergaß auch nicht, sehr laut zu grüßen. / Dennoch ließen Blicke mich leicht büßen, / Daß ich kein Stuttgarter bin.«

Im Zentrum

Selbstporträt in einem sauberen Loch

Friedrich Christian Delius

Bevor der Prozess zwischen dem Unternehmen Siemens auf der einen, dem Rotbuch Verlag und F. C. Delius auf der anderen Seite am 1. Dezember 1976 vor dem Oberlandesgericht schließlich mit einem Vergleich endete, war der Schriftsteller häufig von Berlin nach Stuttgart gereist. Oft hatte er in öden Gerichtsfluren und Anwaltsbüros herumgesessen, die Zeit totgeschlagen, sich nach einem Ausflug auf die Alb oder wenigstens nach einer Dusche gesehnt – in diesem »sauberen Loch, wo alles auffällt, was nicht mehr so neu, fit und in Form ist«.

In dem ein Jahr zuvor erschienenen Gedicht *Selbstporträt auf dem Stuttgarter Schloßplatz* schildert Delius anschaulich seine Situation – man darf den Text autobiografisch verstehen.

1972 veröffentlichte Friedrich Christian Delius (Jahrgang 1943), der zuvor Gedichte und seine Dissertation *Der Held und sein Wetter* verfasst und als Lektor gearbeitet hatte, bei Wagenbach ein Quartheft, das den Titel trug: *Unsere Siemens-Welt. Eine Festschrift zum 125jährigen Bestehen des Hauses S.* Im Geleitwort stand zu lesen, dass es von der Siemens AG weder autorisiert noch in ihrer Verantwortung geschrie-

Umschlag der Neuausgabe im Rotbuch Verlag, Berlin 1976.

ben worden sei und der Autor sich bewusst nur auf öffentlich zugängliche Informationen und Publikationen gestützt habe.

Wenige Wochen nach Erscheinen stellte das Unternehmen beim Landgericht Stuttgart Antrag auf Erlass einer einstweiligen Verfügung, weil vier Stellen in dem Buch falsch und ehrenrührig seien. Es folgte eine heftige, mehrere Jahre dauernde und spannend nachzulesende Auseinandersetzung um die Freiheit der Kunst und die Rolle der Satire. Resümieren lässt sich dieses Paradebeispiel der Literatur- und Prozessgeschichte der BRD nach 1945 mit den Worten von Walter Jens: »Ein Siemens-Konzern, der vor Gericht gehen muß, bestätigt die Wirksamkeit von Literatur.«

Akademiegarten beim Thouret-Brunnen

Einzug, Flucht und triumphale Rückkehr

Friedrich Schiller

An einem kalten Januartag des Jahres 1773 wanderte der dreizehnjährige Friedrich Schiller (1759–1805) in Begleitung seines Vaters von Ludwigsburg in Richtung Süden zur Solitude. Mit »einem ausgebrochenen Kopf und etwas verfrörnen Füßen« kam er nach dreieinhalb Stunden an seinem Ziel an. Dort auf der Höhe hatte Herzog Carl Eugen neben seinem Lustschloss zwei Jahre zuvor die Militär-Pflanzschule eingerichtet, die bald in Herzogliche Militär-Akademie umbenannt und 1781 als Hohe Carlsschule zur Universität erhoben wurde. Da hatte sie ihren Sitz bereits in Stuttgarts Stadtmitte hinter dem Neuen Schloss – die Lage des nach dem Zweiten Weltkrieg abgerissenen Gebäudes lässt sich auf einer Tafel im Park identifizieren.

Caspar Schiller hatte seinen Sohn – nach eigenen, harten Erfahrungen mit dem Militärdienst unter dem schwäbischen Despoten – eigentlich für die Theologie bestimmt, aber dem mehr-

Die Enthüllung des Schiller-Denkmals am 8. Mai 1839. Lithografie.

maligen Drängen des Landesfürsten musste er nachgeben. So zog der Junge, im Gepäck eine Hose, zwei Hemden, vier Paar Strümpfe, fünfzehn lateinische Bücher und 43 Kreuzer, in das Institut ein, das er später als »Folteranstalt« charakterisierte. Fast acht Jahre lang war der junge Schiller dem Drill ausgesetzt, litt er unter dem reglementierten Tagesablauf, dem ausgeklügelten Kontroll- und Disziplinierungssystem. Seine Leistungen, außer im Griechischen, waren eher mittelmäßig, im Reiten und Tanzen sogar schlecht. Für seine Studienfächer Recht und später Medizin konnte er wenig Interesse aufbringen, seine Leidenschaft für die Dichtkunst musste er in aller Heimlichkeit pflegen; so schrieb er *Die Räuber* gewissermaßen unter der Bettdecke.

Als das Theaterstück im Januar 1782 in Mannheim uraufgeführt und begeistert gefeiert wurde, geschah dies – unerlaubt – in Anwesenheit des Dichters: Als junger Regimentsmedikus durfte er sich nicht aus württembergischem Herrschaftsgebiet entfernen. Während der vierzehn Tage Arrest, denen ein Schreibverbot folgte, keimte in ihm der Plan zur Flucht; realisiert wurde er dann in der Nacht vom 22. auf den 23. September mit Hilfe einiger Freunde.

Der Zeitpunkt war geschickt gewählt, denn zum Besuch des russischen Großfürsten gab es Festivitäten und »eine allgemeine prächtige Beleuchtung« auf Solitude – und deshalb eine weniger strenge Bewachung der Stadttore. Durch das dunkelste, das Esslinger Tor (nahe dem heutigen Charlottenplatz), entkamen Schiller und sein Freund Streicher unerkannt in Richtung Mannheim.

Erst zwölf Jahre später – Herzog Carl Eugen war gerade gestorben – kam Friedrich Schiller für einige Monate wieder nach Stuttgart, als wohlbestallter Professor und gefeierter Dichter. Bei einem Besuch der Carlsschule begrüßten ihn die 400 Akademisten enthusiastisch, zeigten dem nun berühmten ehemaligen Schüler sein angeblich in Ehren gehaltenes Bett und das Gärtchen, das er gepflegt haben soll. Schiller selbst gewann von Stuttgart in diesem Frühjahr 1794 ein vorteilhaftes Bild, entdeckte gute Köpfe, blühende Künste, »ein passables Theater mit einem vortrefflichen Orchester und sehr gutem Ballett«.

Zu Schillers 20. Todestag wurde die von Johann Heinrich Dannecker geschaffene Monumentalbüste, die das Schillerbild der Nachwelt bis heute prägt, im Rahmen einer Gedächtnisfeier des Liederkranzes ausgestellt. Man gründete einen Verein für ein dauerhaftes Denkmal, mit dessen Entwurf der dänische Bildhauer Bertel Thorvaldsen beauftragt wurde. Am 8. Mai 1839 konnte es im Rahmen eines prachtvollen Festes enthüllt werden. Den Anfang der Feier machte die Fest-Cantate von Mörike, gesungen von einem riesigen Sänger-Aufgebot unter Leitung des Komponisten und Hofkapellmeisters Lindpaintner. Gustav Schwab hielt die Festansprache und dann läuteten die Glocken von vier Kirchen, als der zwölfjährige Schiller-Enkel Karl die Verhüllung von dem Standbild wegzog.

Das Ereignis war ein Höhepunkt bürgerlicher Selbstdarstellung und vielleicht die erste Gelegenheit, bei der neben diversen Werkausgaben auch entsprechende Souvenirs auf den Markt kamen: Schiller-Busennadeln, Gipsfiguren, »Schiller-Bonbons und Schiller-Trinkgläser, aus denen der Schillerwein vorzüglich mundet, Schillerdosen und Tabakspfeifen«, »Schiller-Hüte von Filz und von Stroh, die Schiller Gogelhopfen nicht zu vergessen«.

Seither gibt es Schiller-Kitsch und die Diskussion, ob das Denkmal den Dichter in angemessen würdiger, patriotischer oder zu nachdenklicher, gar trauriger Haltung zeige. Während des Zweiten Weltkriegs wurde es eingelagert, aber schon am 10. November

1945 von den amerikanischen Besatzern der Öffentlichkeit mit den Worten übergeben, es solle mit ihm ein neuer Geist die Bürger von Stuttgart beseelen.

Schillerrede 1955

Thomas Mann

Einen seiner letzten öffentlichen Auftritte hatte Thomas Mann (1875–1955) wenige Monate vor seinem Tod im Großen Haus der Württembergischen Staatstheater, als er auf Einladung der Deutschen Schillergesellschaft am 8. Mai 1955 seine eindrucksvolle Schillerrede hielt. Im Vorfeld war kontrovers darüber diskutiert worden, ob der Emigrant und entschiedene Mahner, der dem deutschen Volk seine nationalsozialistischen Untaten nicht verziehen hatte, der richtige Redner sei; nicht nur von Seiten der Meinungsträger in der deutschen Literaturkritik, die Manns Roman *Doktor Faustus* vehement ablehnten, auch von höchster Stelle begegneten ihm Ressentiments.

Schließlich gab es doch eine Art Staatsakt mit Bundespräsident Theodor Heuss und

Thomas Mann bei seiner Rede.

Ministerpräsident Gebhard Müller, sogar mit außerordentlicher öffentlicher Resonanz, im überfüllten Opernhaus saß eine von den Worten und dem Auftreten des Gastes ergriffene Festversammlung.

Der Besuch sei Sinnbild für die geistige Heimkehr Thomas Manns nach Deutschland gewesen, schrieb der damalige Direktor des Schiller-Nationalmuseums Bernhard Zeller in seinen *Marbacher Memorabilien.*

Mann notierte in seinem Tagebuch eher nüchtern: »Mit dem Wagen zu dritt durch die grünen, blühenden Strecken nach Stuttgart. Dort mit Reisiger und der Seinen im Parkhotel. Am nächsten Tag der feierliche Vortrag im Staatstheater, gefolgt von dem des Bundespräsidenten. Hat durchs Radio nach ganz Deutschland, Österreich und der Schweiz ausgesandt, tiefen Eindruck gemacht. Im Marbacher Museum, Empfänge, Festmahlzeiten, Reden, Menschen, Menschen.«

Zu verdanken ist der große Eindruck der Qualität seiner Schiller-Rede, die ihn (wie der längere *Versuch über Schiller*) treffend und persönlich charakterisiert; sie geriet Thomas Mann zur Huldigung an den dichterischen Genius, den Moralisten wie den Denker. Besonders stark wirkten auf das Publikum die Passagen darüber, »die politisch geteilte Welt unter der Fahne der Wahrheit und Schönheit wieder zu vereinigen«, die Mann zum Gebot der Stunde erklärte und gegen den Vorwurf des Eskapismus verteidigte.

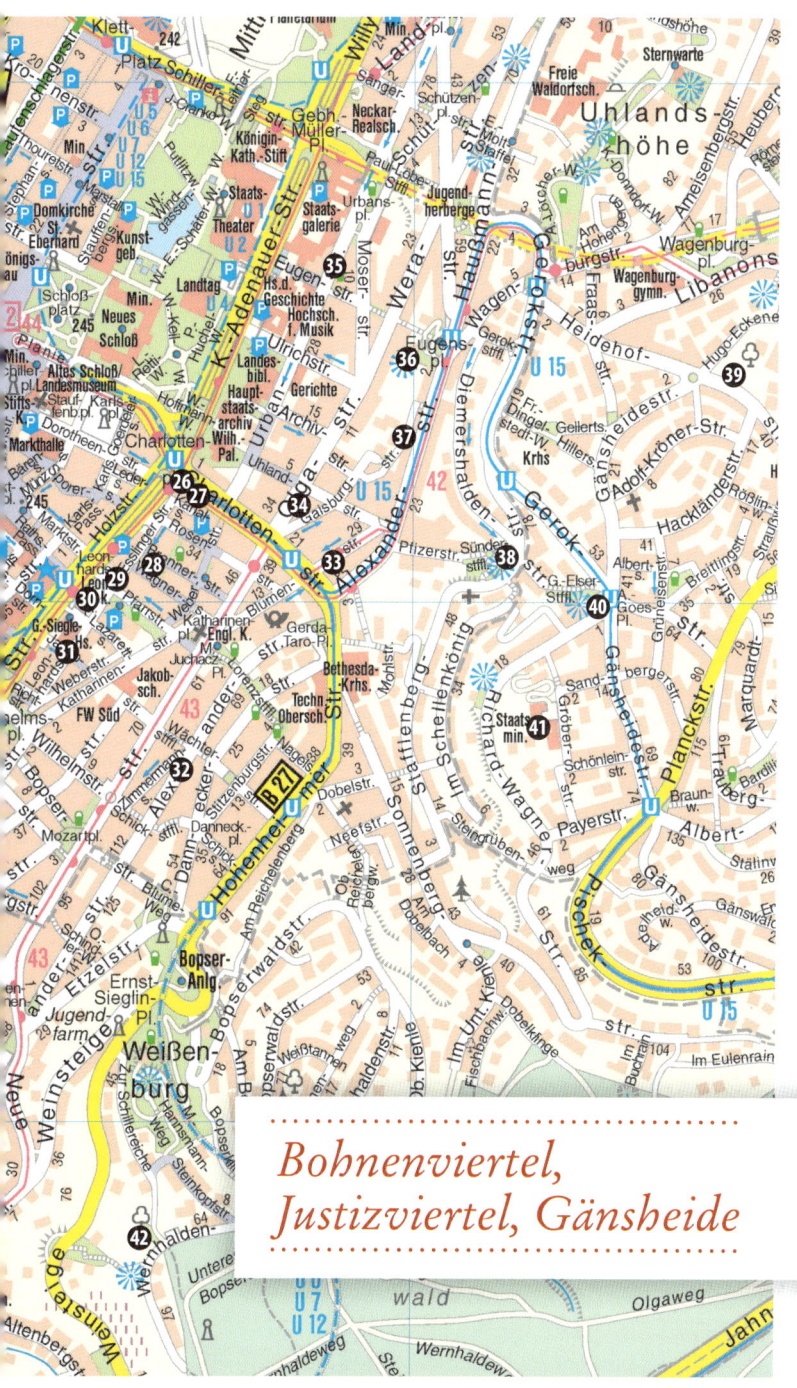

Bohnenviertel,
Justizviertel, Gänsheide

Ein Selbstvermarktungsgenie

Wilhelm Hauff

Im Frühjahr 1825 schickte der damals zweiundzwanzigjährige Wilhelm Hauff (1802–1827) das Manuskript seines *Mährchen-Almanachs* an den Metzler Verlag: »Er ist für Mädchen oder Knaben von 12–15 Jahren und giebt 7 meist orientalische Mährchen, wie sie für dieses Alter paßen.« Darunter sind die Geschichten von Kalif Storch, dem Gespensterschiff, der abgehauenen Hand und dem kleinen Muck, die er alle neu erfunden habe, doch wahrscheinlich schon an Kindern ausprobiert und ein bisschen auch *Tausendundeiner Nacht* nachempfunden hatte.

Wilhelm Hauff, 1802 in Stuttgart Auf dem kleinen Graben, Ecke Kreuzstraße (Tafel in der Eberhardstraße 33) geboren, wuchs in Tübingen auf und studierte auf Wunsch der Mutter Theologie im Stift. Seine Leidenschaft gehörte jedoch immer der Literatur. Um seine Cousine Luise zu heiraten, bemühte er sich um eine Pfarramtsstelle, dann wurde ihm von Ernst Freiherr von Hügel, Generalleutnant und Präsident des Kriegsministeriums, die Hofmeisterstelle angeboten. Von November 1824 bis April 1826 lebte der junge Dichter als Hauslehrer der beiden Söhne bei der Familie von Hügel im Charlottenbau, etwa an der Stelle des heutigen Hochhauses.

»Wie es mir hier ergeht?«, schrieb er an seine Tübinger Freunde, »Fürtrefflich gut und hundeschlecht. Nicht nur, daß ich in dem Hause mit aller Liebe, genugsamer Hochachtung, gut Essen und Trinken bedient werde, nicht nur, daß meine Seelöwen [die Schüler] wenn ich sie nur ein wenig im Kappenzaum reite sich recht gut anlaßen und mir, so viel ich biß jezt verspühre, keinen Kummer machen, nicht nur – sondern auch es ist heute hübsch Wetter. Hundeschlecht geht mirs aber in anderer Hinsicht; denn gleich wie einem Hund gar übel zu Muth ist, wenn er sich nicht auch mit anderen Hunden herumbeißen kann, also geht es auch mir. Den ganzen Tag biß Abends 4 oder 5 Uhr habe ich nichts zu thun, da könnt ihr euch nun denken, wie erwünscht mir eine lustige Gesellschaft wäre, die mir die Zeit tothschlagen hälfe.«

Allerdings nutzte Wilhelm Hauff seine Zeit dann doch sinnvoll zum Schreiben: Neben den Märchen kamen die *Mittheilungen aus den Memoiren des Satan* sowie

Wilhelm Hauffs Zimmer, eigenhändige Zeichnung um 1825.

Der Mann im Mond oder Der Zug des Herzens ist des Schicksals Stimme und die romantische Sage *Lichtenstein* im Verlag G. F. Franckh heraus und brachten dem jungen Dichter ungewöhnliche Publizität. Heute würde man ihn als Selbstvermarktungsgenie bezeichnen, denn ihm gelang es, Kritiker für sich einzunehmen, bei Verlegern seine Honorar-Bedingungen durchzusetzen und allenthalben in Zeitschriften und Almanachen Novellen und Rezensionen unterzubringen.

Kanalstraße 4 – Schriftstellerhaus

Ein Häusle aus dem 17. Jahrhundert

Johannes Poethen

G elegentlich gehen Träume in Erfüllung, aber man muss sie auch nachdrücklich genug verfolgen. Der Lyriker und Hörfunkredakteur Johannes Poethen (1928–2001) konnte zu Beginn der 1980er-Jahre gemeinsam mit dem Architekten Johannes Wetzel Oberbürgermeister Manfred Rommel und Ministerpräsident Lothar Späth von seiner Idee eines Stuttgarter Schriftstellerhau-

Kanalstraße mit Schriftsteller-
haus und »Restauration Zur
Kiste«.

ses überzeugen. Für das es übrigens kein Vorbild gab, und das bis heute als Stadtschreiberdomizil, Veranstaltungsort für Lesungen, Diskussionen und Werkstätten, als Treffpunkt von SchriftstellerInnen und Büchermenschen ein Unikat darstellt.

Unter diesen heißt es nur das »Häusle«, und von seinen Ausmaßen ist das Haus in der Kanalstraße 4 tatsächlich ein »Häusle«: vorne 4,58 Meter, hinten 4,30 Meter, 11 Meter hoch bis zum First. Johannes Poethen als Nichtschwabe habe den Begriff bewusst verwendet, ein bisschen »hälinge« oder mit Understatement, um die potenziellen Geldgeber nicht zu verschrecken. Durch den Nutzungsplan jedenfalls ist Stuttgart ein altes Haus aus dem 17. Jahrhundert erhalten geblieben, das sonst wohl abgerissen worden wäre.

Direkt nebenan lädt Stuttgarts älteste Weinstube, die »Restauration zur Kiste« zu schwäbischem Wein und Essen – Hermann Lenz forderte dafür sogar einen Literaturpreis.

In der »Kiste« endeten über Jahrzehnte hinweg zahlreiche literarische Abende und dort tagte lange der »Tisch der Dreizehn«, ein kultureller Männerstammtisch, zu dessen Mitgliedern auf Einladung von Thaddäus Troll auch Johannes Poethen zählte; beide waren sie aktiv im Deutschen PEN und im Schriftstellerverband. Neben seinem Brotberuf als Leiter der Abteilung Literatur und Kunst im Süddeutschen Rundfunk schrieb Poethen Gedichte und Essays, die vielfach Themen seiner Wahlheimat Griechenland aufnahmen. Was er dort unter anderem fand, steht in der Laudatio zum Stuttgarter Literaturpreis 1990: »Nämlich den Kosmos, das Chaos, das Land und die Elemente in menschlichen Proportionen wiederzufinden und somit den lichten schöpferischen Moment.« Aus dem auch Träume geboren werden.

Denglers Domizil

Wolfgang Schorlau

Ein paar Quadratmeter Paris mitten in Stuttgart, fand Georg Dengler, als er hier zum ersten Mal einen grauen Burgunder trank, und sagte das zu der Frau, die neben ihm an der Theke stand. Sie stellte sich als Helga Lehnard vor, als Eigentümerin des ›Basta‹ und des dazugehörigen Hauses. Als sie erfuhr, dass Dengler eine Wohnung in Stuttgart suchte, bot sie ihm die freigewordene Wohnung im ersten Stock an. Seitdem wohnte er hier.«

»Hier« bedeutet die Weinstube »Basta« in der Wagnerstraße 39, gelegen mitten im Bohnenviertel, laut Wolfgang Schorlau (Jahrgang 1951) eines der besten Quartiere der Stadt, ein Kleine-Leute-Viertel mit vielen Kneipen und originellen Läden.

Entgegen wohlmeinender Ratschläge von erfahrenen Schriftstellerkollegen hat Schorlau für seinen ersten Kriminalroman keinen Polizisten als Protagonisten gewählt (weil das Auffinden der Wahrheit in Deutschland ein hoheitlicher Akt sei), sondern einen privaten Ermittler erfunden, eben Georg Dengler. Mehr Ich-AG als »Private Eye« kann dieser jedoch auf eine respektable Karriere als ehemaliger Hauptkommissar beim Bundeskriminalamt zurückblicken, er war Zielfahnder, ein Superbulle also.

»Denglers erster Fall« von 2003, *Die blaue Liste*, handelt von dem Attentat auf den Präsidenten der Treuhandgesellschaft Rohwedder, dem Absturz eines Flugzeugs kurz

Im ersten Stock über dem »Basta« wohnt Georg Dengler.

darauf und dem Tod des RAF-Mitglieds Grams – mysteriöse Geschehnisse und brisante Machenschaften sind seither Schorlaus Spezialität. Ob es um das unaufgeklärte Bombenattentat auf dem Oktoberfest (*Das München-Komplott*), um das Funktionieren der Pharmaindustrie (*Die letzte Flucht*) und das Geschäfts mit dem wichtigsten Rohstoff unseres Planeten (*Fremde Wasser*) oder die Massentierhaltung (*Am zwölften Tag*) geht, die Dengler-Krimis leben von der Umsetzung gesellschaftspolitischer Themen in spannende Geschichten. Und nicht zuletzt von der Person des trinkfesten, an sich und der Welt zweifelnden Georg Dengler.

Gespensterfurcht

Wilhelm Waiblinger

Chor der Leonhardskirche mit Kreuzigungsgruppe, Lithografie von 1839.

An der Chorseite der Leonhardskirche, die dem ganzen Viertel um sie herum den Namen gab, bevor es später nach dem Tor auch Esslinger Vorstadt genannt wurde, steht eine Kopie der Kreuzigungsgruppe von Hans Seyffer aus dem Jahr 1501, mit der der Dichter Wilhelm Waiblinger (1804–1830) recht ambivalente Kindheitserinnerungen verband: »Mein Vater hatte sich in einer Gegend der Stadt ein Haus gebaut, wo meist Leute von niedrigem Stande wohnten. Ich war also gleichsam der König und Fürst unter den Jungen, wenn ich mich unter sie mischte. Ich versammelte die ganze junge Nachbarschaft des Abends auf der Treppe meines väterlichen Hauses, wo ich ihnen die abenteuerlichsten Geschichten erzählte.

Hinter unserem Hause befand sich ein Kirchhof, der hatte etwas ausnehmend Grausenhaftes für mich. Einige alte Basen nährten diese Gespensterfurcht lange mit ihren Geschichten. Es war eine alte Kirche in der Nähe, vor der sich in einer steinernen Gruppe die Kreuzigung Christi befand. Nun hörte ich, daß hier bei Nacht ein Kapuziner umgehe und daß dieser Mann einmal dem Mann meiner Base eine Ohrfeige gegeben habe, deren Kraft ihn zu Boden geworfen habe. Derlei dumme Geschichten erfüllten mir die Sinne nur zu sehr und ich wurde zuweilen von einem panischen Schrecken ergriffen, wenn ich des Nachts vor dem Kreuzigungsbilde vorbeigehen mußte.«

Wilhelm Waiblinger, Selbstbildnis, Federzeichnung.

Das Haus, in dem Waiblinger seine Kindheit verbrachte, lag in der Katharinenstraße 31/33, Ecke Pfarr- / Weberstraße, die direkt auf den Chor der Kirche zulief. Mit der heutigen Pfarrstraße ist die damalige nicht identisch, eine Stele auf dem Spielplatz dokumentiert die Veränderungen dieses Quartiers.

Später besuchte Waiblinger das Gymnasium im Waisenhaus, in dem das selbstbewusste Enfant terrible sich deplatziert fühlte, danach das Obere Gymnasium, wo Georg von Reinbeck und Gustav Schwab seine Lehrer waren. In diesen Jahren, 1820/21, lebte er bei einem Vetter in der Eberhardstraße 31 – daran erinnert eine Tafel. Im Tagebuch klagte er: »Warum bin ich kein Göthe?«, und gab sich selbst den Rat, zu lesen und zu studieren »bey Tag und bey Nacht: Erstens Shakespeare, zweytens Shakespeare, drittens Shakespeare«. Als Siebzehnjähriger veröffentlichte Waiblinger sein erstes Gedicht, begann exzessiv die Aufführungen des Stuttgarter Hoftheaters zu besuchen und bewarb sich als Schauspieler, bevor er ins Tübinger Stift einzog.

Exzentriker, der er war, hielt er es in Württemberg nicht aus, reiste 1826 nach Italien und starb völlig verarmt in Rom. Immerhin hinterließ er ein erstaunliches Werk: den Roman *Phaëton*, die Biografie *Hölderlins Leben, Dichtung und Wahnsinn*, Bücher zu Italien und Griechenland, zahlreiche Gedichte, Erzählungen und Briefe.

Zu seiner Zeit ein Wunderzeichen!

Johannes Reuchlin

Stuttgart wurde durch den Humanisten Johannes Reuchlin (1455–1522) zu einem Zentrum der geistigen Welt – neben Basel, wo Erasmus von Rotterdam, und Straßburg, wo Sebastian Brant wirkten. Graf Eberhard im Bart holte den gut ausgebildeten Magister mit großen rhetorischen Fähigkeiten und besten Lateinkenntnissen an den Stuttgarter Hof, wo er als Ratgeber, Geheimschreiber und Orator in seiner Kanzlei arbeitete und mit wichtigen politischen Missionen betraut wurde.

Mit kürzeren Unterbrechungen lebte Reuchlin von 1482 bis zu seinem Tod in Stuttgart, sein Haus stand in der wohl ältesten Gasse zwischen der Stiftskirche und dem Fruchtkasten, eine Plakette erinnert dort an ihn.

Das Epitaph von Johannes Reuchlin in der Leonhardskirche.

Einen Besuch ist die Ausstellung wert, die seit 2004 in der Leonhardskirche über Reuchlin gezeigt wird. Zentrum ist die steinerne Tafel mit dreisprachiger Inschrift im Chor, wo sie sich seit 1955 befindet. Reuchlin hatte sie 1501 im Kreuzgang des ehemaligen Dominikanerklosters (der heutigen Hospitalkirche) aufstellen lassen, nicht als künftigen Grabstein, sondern als Verkündung seines, des »vir trilinguis«, Ruhmes schon zu Lebzeiten.

Die Inschriften sind bedeutsam gestuft: die irdische Existenz (Name und Her kunft) in lateinischer Capitalis, in griechischen Buchstaben die Auferstehung (anastasis), hebräisch das letzte Ziel, das »Ewige Leben« (olam ha chajim). Den Kommentar dazu enthält ein Brief: »Nach meinen Erfahrungen mit verschiedenartigen Texten verbindet mich keine von all den Sprachen, die ich erlernt habe, mehr mit Gott als der Gebrauch der heiligen hebräischen Sprache. Immer nämlich, wenn ich hebräisch lese, scheint es mir, als ob ich sähe, dass es eben diese Sprache ist, mittels derer Gott und die Engel vom Himmel her mit den Menschen Umgang pflegten.«

Reuchlins letzte Lebensjahre waren von dem Streit mit dem Konvertiten Pfefferkorn um die jüdischen Schriften, letztlich um Leben und Gut der Juden belastet; auf Gebot Kaiser Maximilians erstellte er ein Gutachten mit dem Ergebnis, dass den Juden ihre Bücher nicht weggenommen werden durften.

Seine juristischen und philologischen Argumente sind bis heute überzeugend – ein zeitloses Plädoyer des großen Humanisten.

Leonhardsplatz 25 – »Imbiss Zum Brunnenwirt«

Was aber bleibet, stiften die Wirte

Matthias Politycki

Eine Reminiszenz an das Bohnen- und Leonhardsviertel liefert Matthias Politycki im dritten Kapitel seines *Weiberroman*, eines bei Erscheinen 1997 als Kultbuch gelobten Stadt- und Zeitromans, das die Befindlichkeit der 1978er-Generation, zumal die erotische Befindlichkeit eines »soften« Mannes von dreißig Jahren, aufs Trefflichste charakterisiert.

Der Protagonist Gregor Schattschneider, Germanistikstudent und Hilfswissenschaftler an der philosophischen Fakultät der Universität Stuttgart, begegnet der Stewardess Katarina und zieht mit ihr in die Kanalstraße 6, benachbart dem Stuttgarter Schriftstellerhaus. Dort hatte der 1955 in Karlsruhe geborene Politycki 1991 ein Vierteljahr mit einem Stipendium gelebt und neben seiner

Der Imbiss »Zum Brunnenwirt« am Leonhardsplatz.

Arbeit erkennbar das Quartier samt Rotlichtviertel mit seinen Läden und Cafés, Bars und Kneipen erkundet. Immer wieder landet das schelmische Alter Ego des Autors Schattschneider beim »Brunnenwirt«; eine Hommage auf diesen für Currywurst und Schweinebauch berühmten Imbiss hat er exklusiv für den zweiten *Schriftstellerhaus Almanach* verfasst.

»Was aber bleibet, stiften die Wirte. Vor allem die guten, die wirklich guten – sie schaffen Originalschauplätze, die mehr als alle Staatsgalerien, Staffeln und Schlösser das unverwechselbare Gesicht einer Stadt ausmachen … Das stärkste Stück Stuttgart aber liegt im Leonhardsviertel, und man braucht starke Nerven dazu: der real existierende ›Brunnenwirt‹. Zwischen ein Uhr und drei Uhr nachts verwandelt er sich in einen literarischen Ort, bevölkern seine Tische ausschließlich Romanfiguren – und setzen sich ungebeten auch an den unseren. Mitsamt ihren haarsträubenden Geschichten – der Ungar, der bei der Schilderung seiner Folterungen aus Aug und Nase tropft, bricht also demnächst auf, um seine(n) Peiniger zu ermorden. Währenddessen führt Pseudo-Eco Balztänze um eine arg gealterte Liebesdienerin auf, fleht sie auf Knien um Zusammenarbeit an – vergeblich. Die Musikbox intoniert die Themen der sechziger Jahre, die legendäre Negernutte (von der die Fama hartnäckig behauptet, sie sei ein Mann) ohrfeigt einen frechen Freier, die Demnächst-Penner singen in spontanen Chören. Ungeheuerlich, was alles wahr und wirklich ist. Um dreiviertel Drei jedoch zeigen die Kellner, daß sie härter sein können als Aguirre, der Zorn Gottes: kippen die halbvollen Wodkagläschen auf die Tischfläche und bereiten dem Treiben ein absurd rasches Ende.«

Bohnenviertel

Bestandsaufnahme und Abrechnung

Anna Katharina Hahn

Die Constantinstraße liegt still im Nachmittagslicht. Braungelbe Sandsteinhäuser wölben ihre verzierten Fassaden nach vorne wie frische Brote und Kuchen, die aus ihren Backformen quellen. Über den grauen Schieferdächern steht die Sonne und läßt Gerüche aufsteigen, die auch mitten in der Stadt zum Herbst gehören.«

Solche Passagen in Anna Katharina Hahns Debütroman lassen ein wenig an die Straßenbilder des von ihr verehrten Hermann Lenz denken, in dessen Nachfolge sie in einem längeren Essay einen Brunnen-Bummel unternommen hat; solche Orte berühren das Herz, heißt es da. Und zwar durch die Fähigkeit, Stimmungen jenseits des Gewohnten zu erzeugen.

In ihren beiden Gesellschaftsromanen – *Kürzere Tage* von 2009 und *Am Schwarzen Berg* von 2012 – stehen die Örtlichkeiten für verschiedene soziale Milieus. Die Mittelstandsmutter Judith zum Beispiel, deren Kinder die Waldorfschule besuchen, wohnt mit ihrer Familie in der Constantinstraße, dahinter ist für Einheimische unschwer die Alexanderstraße mit ihren Gründerzeithäusern zu erkennen. Während ihres Studiums der Kunstgeschichte an der hiesigen Universität beschäftigte sich die Protagonistin mit Otto Dix und lebte im Stuttgarter Osten, dem Arbeiterviertel mit Blick auf Gaskessel und

Anna Katharina Hahn.

Schlachthof. Aus dieser Zeit hat sie die schlechte Gewohnheit des heimlichen, exzessiven Rauchens mitgebracht, vom Ehemann mit dem Codewort »Hackstraßenmist« belegt.

Schonungslose, unerbittliche Röntgenblicke, mit denen sie den Mikrokosmos durchleuchte, hat die Kritik Anna Katharina Hahn attestiert, und Bewunderung formuliert, dass endlich mal jemand das saturierte Stuttgart von einer Seite schildere, sich mit der gesellschaftlichen Realität und sogar mit der brisanten Thematik um Stuttgart 21 auseinandersetze. Freilich wurde durchaus gesehen, dass die Probleme der Mütter um die dreißig oder eines Mannes, der lieber die Schlossplatzbäume rettet als eine Karriere anzustreben, bei allem Stuttgart-Bezug doch allgemeiner sind.

Wenn Anna Katharina Hahn (geboren 1970 in Ruit) dann wieder davon spricht, dass eine Weinstube »eine Stätte des Trostes und der Selbstvergewisserung« sei, »in die man als unzufriedener und zerfahrener Mensch einkehrt, um einige Stunden später als ein Versöhnter heil und ganz hinauszutreten in die Welt mit all ihren Unwägbarkeiten und Zumutungen«, dann ist sie doch unverkennbar in Stuttgart zu Hause.

Blumenstraße 34

Für Gleichheit und Frauenwahlrecht

Clara Zetkin

Im dritten Stockwerk des Hauses Blumenstraße 34, neben dem heutigen Sitz des alteingesessenen Thienemann Verlags, lebte einige Jahre lang die Frauenrechtlerin, Politikerin und Publizistin Clara Zetkin (1857–1933). Geboren in Sachsen als Clara Eißner, hatte sie im Pariser Exil den Namen ihres Lebensgefährten Ossip Zetkin angenommen, mit dem sie zwei Söhne hatte. Nach dessen Tod kam sie durch ein Angebot des Verlegers Heinrich Dietz nach Stuttgart und leitete von 1892 bis 1917, ein Vierteljahrhundert lang, die Redaktion der richtungsweisenden Zeitschrift für die Interessen der Arbeiterinnen *Die Gleichheit*. Sie schrieb darin über ihre sozialistischen Ideale und trat für die Gleichstellung der Frauen ein, versuchte den Leserinnen mit ihren Artikeln aber auch, das Erbe der deutschen Literatur näherzubringen.

Sie verfasste Bücher über *Die Arbeiterinnen- und Frauenfrage der Gegenwart* (1889), das Frauenwahlrecht oder *Kunst und Proletariat* (1911). Beim Internationalen Sozialistenkon-

Clara Zetkin mit ihren Söhnen Kostja und Maxim.

gress, der im August 1907 in Stuttgart stattfand, gründete sich unter ihrem Vorsitz die Internationale Sozialistische Frauenkonferenz, die einen Abstimmungssieg für das geheime, gleiche, direkte und allgemeine Wahlrecht für Frauen erzielte. Sie machte den Vorschlag für die Einführung des Internationalen Frauentags, der seit 1911 bis heute – inzwischen alljährlich am 8. März – begangen wird.

In Stuttgart wohnte sie mit ihren Söhnen Maxim und Kostja zunächst in der Rotebühlstraße 147, in der Nachbarschaft von Robert Bosch und Karl Kautsky. Nach der Heirat mit dem später erfolgreichen Maler Friedrich Zundel 1899 zog die Familie in die Blumenstraße, 1904 in das neu erbaute Haus in der Kirchheimer Straße 14 in Sillenbuch. Dort, in der »Datscha Zundel«, weilten prominente Gäste: Lenin, dessen Schrift *Was tun?* ebenfalls im Verlag J. H. W. Dietz erschien, und von dem sich sogar eine Wegskizze erhalten hat; Rosa Luxemburg, die dort häufig ihre Ferien verbrachte und die Rosen pflegte, Alexandra Kollontai, Karl Liebknecht, Franz und Eva Mehring. Die Fahrten in die Innenstadt wurden mit dem eigenen Daimler-Cabriolet, dem ersten Auto in Sillenbuch, unternommen.

1917 schloss Clara Zetkin sich der USPD an, nach der Ermordung ihrer Freundin Rosa Luxemburg im Januar 1919 wechselte sie zur KPD, war Mitglied der Verfassunggebenden Landesversammlung Württembergs und eine der ersten weiblichen Abgeordneten; 1920 wurde sie in den Reichstag gewählt, dem sie bis 1933 angehörte. Am 30. August 1932 hielt sie als Alterspräsidentin ihre Rede mit dem berühmten Plädoyer, dass vor der geschichtlichen Notwendigkeit des Kampfes gegen den Faschismus alle politischen und weltanschaulichen Differenzen zurücktreten müssten.

Olgastraße 33

Wohnungssuchen und richtiges Finden

Tony Schumacher

» In diesem Hause wohnte und wirkte die Jugendschriftstellerin Tony Schumacher von 1875 bis 1923«, informiert eine dezente Tafel in der Olgastraße 33. Obwohl sie fast ein halbes Jahrhundert in Stuttgart lebte, ist ihr Name ebenso vergessen wie ihre 34 Kinder- und Jugendbücher, die in aller Welt Millionenauflagen erlebten.

Als Antonie Louise Christiane Marie Sophie von Baur-Breitenfeld (1848–1931) in Ludwigsburg geboren und als Großnichte des Dichters Justinus Kerner schon früh in ihren Fähigkeiten gefördert, zog sie gleich nach ihrer Heirat 1875 mit dem Hofrat Karl Friedrich Schumacher nach Stuttgart. Das kinderlose Ehepaar lebte im ersten Stock, während im Erdgeschoss die umfangreiche Puppensammlung untergebracht war. Gesammelt hat Tony Schumacher zeitlebens, auch mehr als 30 000 Briefe begeisterter Leserinnen. Ihre erfolgreichsten Bücher erschienen im Stuttgarter Verlag Levy & Müller, der 1933 offiziell »erlosch«, das heißt, die jüdischen Besitzer führten ihn als »Herold-Verlag« fort, bis sie 1936 verkaufen und emigrieren mussten.

Von gewissem kulturhistorischen Reiz sind heute noch die autobiografischen Schriften, denen sie als Motto einen Satz Justinus Kerners beigab: »Ich betrachte mein eigenes Leben nur als Faden, an dem sich Bilder aus dem merkwürdigeren Leben anderer anreihen sollen!« In einem der *Spaziergänge ins Alltagsleben* plaudert Tony Schumacher über das Reisen oder die Gewitterfurcht, über Veränderungen beim Einkaufen, kuriose Grabinschriften oder über »Wohnungssuchen und richtiges Finden«. Darin wägt sie amüsant die Vor- und Nachteile des Wohnens im Zentrum mit der bequemen Nähe zu Bäcker, Metzger, Markt und Theater, jedoch

Tony Schumacher inmitten ihrer Sammlungen.

bedrückender Enge und Lärm ab gegen die befreiende Weite der von viel Grün umgebenden Halbhöhenlage. Wo dann allerdings der Weg zu Schule und Büro, bei Regen, Schnee und Glatteis wiederum äußerst unangenehm sein kann – und auch der Garten bedürfe ständiger Pflege …

Urbanstraße 46

Schreiben aus Langeweile

Robert Musil

Schräg gegenüber der Musikhochschule, in der Urbanstraße 46, teilt eine Tafel mit, dass hier von Oktober 1902 bis April 1903 Robert Musil zur Untermiete gewohnt habe. Er arbeitete als Praktikant bei dem Ingenieur Carl von Bach in der Materialprüfungsanstalt der Technischen Hochschule im Stadtteil Berg, was dem

Gedenktafel am Haus Urbanstraße 46.

jungen Schriftsteller genauso wenig gefiel wie die Stadt Stuttgart überhaupt. Überliefert ist die Äußerung in *Vermächtnis II*: »Ich war 22 Jahre alt, trotz meiner Jugend schon Ingenieur und fühlte mich in meinem Beruf unzufrieden. Jeden Abend um 1/2 9 Uhr besuchte mich eine Freundin, aus dem Büro kam ich aber schon um 6 Uhr nach Hause. Stuttgart, wo sich das abspielte, war mir fremd und unfreundlich, ich wollte meinen Beruf aufgeben und Philosophie studieren (was ich auch bald tat), drückte mich vor meiner Arbeit, trieb philosophische Studien in meiner Arbeitszeit, und am späten Nachmittag, wenn ich mich nicht mehr aufnahmefähig fühlte, langweilte ich mich. So geschah es, daß ich etwas zu schreiben begann, und der Stoff, der gleichsam fertig dalag, war eben der der *Verwirrungen des Zöglings Törleß*.«

Das klingt wahrhaft nach Genie, wenn aus purer Langeweile große Literatur entsteht! Als Robert Musil (1880–1942) im Mai 1903 von einer Wehrübung noch einmal für ein paar Monate nach Stuttgart zurückkehrte, zog er in eine nicht identifizierbare Wohnung in Degerloch. Im *Mann ohne Eigenschaften* ist lediglich eine Erinnerung an Esslingen (wo seine Freundin Hermine Dietz vermutlich arbeitete) überliefert. Und in einer Skizze aus den 1920er-Jahren, *Der Sommeraufenthalt. Zwei Genies*, beschreibt er eine Autofahrt die Neue Weinsteige hinauf: »Als Peter mit seiner Frau und mit einem Kajütenkoffer voller Büchern unter dem anderen Gepäck in Stuttgart eintraf, führte sie ein Mietauto in Kletterschlingen die sonnige Berglehne nach Degerloch hinauf – zwischen Wein und Villen hindurch – das damals ein reizendes Dorf war, welches wie aus einem hohen Baumwipfel auf die Stadt hinabsah.«

Auf einer Haide geschrieben

Friedrich Hölderlin

Die Hügel im Osten der Stadt sind noch unbebaut, erst einige Jahre zuvor hat man dort, wo sich zuvor Steinbrüche, Weinberge und Heide abwechselten, begonnen, Kastanien und Nussbäume zu pflanzen. Spaziergänger verirren sich trotzdem kaum dorthin. Ein Siebzehnjähriger wandert hinauf, nein, er »eilt herauf«, wie er schreibt, sich »ein Fest zu bereiten auf meiner einsamen Haide«. Er ist allein unterwegs wie meistens, einige Jahre später wird er bis nach Bordeaux laufen.

Friedrich Hölderlin (1770–1843) im Jahr 1787: zwischen dem Besuch des Maulbronner Seminars und dem Beginn seines Studiums am Tübinger Stift, unglücklich hier wie dort. Er möchte kein Geistlicher werden, wie die Mutter es wünscht. Stattdessen liest er Klopstock, schreibt Gedichte und sieht in dieser Zeit wohl so aus wie auf dem bekannten Jugendbildnis, nur die Haare sind sicher nicht so sorgfältig onduliert.

Er eilt also hinauf auf die »Haide«, genießt die Stille im Schatten der Bäume, der ihn oft beherrschende Trübsinn ist verschwunden, fern sind die Mauern des Elends, die Klostermauern, denen zu entkommen er sogar beinahe dem Kap-Regiment des Herzogs Carl Eugen beigetreten wäre.

Friedrich Hölderlin. Bleistiftzeichnung von Immanuel Gottlieb Nast, um 1788.

Das Wagengerassel, das von unten, von der Stadt heraufdringt, holt ihn aus seinen Tagträumen, es sind die Wagen der Höflinge, »der Huf der prangenden Rosse«, und schon erblickt er die schimmernden Dächer der Riesenpaläste, »die Spitzen der alternden Türme«, das Alte und das im Bau befindliche Neue Schloss, die Stiftskirche ...

Blick auf Stuttgart vom Kanonenweg (heute Haußmannstraße). Radierung um 1820.

»Bückt euch tief auf den Narrenbühnen der Riesenpaläste«, spottet er und fordert die edlen Männer, Jünglinge und Greise auf, zu ihm zu kommen und Hütten zu bauen, »der Freundschaft Hütten auf meiner einsamen Haide.«

Zwei Jahre danach brach mit dem Sturm auf die Bastille die Französische Revolution aus und ein häufig gebrauchter Wahlspruch lautete: »Guerre aux châteaux! Paix aux chaumières!« Durch Georg Büchner wird der Satz später geläufig: »Friede den Hütten, Krieg den Palästen!«

Friedrich Hölderlin lebte in dieser Zeit des Vormärz längst geistig zerrüttet in seinem Turm in Tübingen.

Mitte des 19. Jahrhunderts begann die Besiedlung der öden Heide, die nun Gänsheide hieß, und es waren keine Hütten, die dort errichtet wurden, es waren Villen und Paläste. Inzwischen waren auch die Höflinge aus der Stadt hinaufgezogen: Die Regierung des Landes residierte auf der Höhe.

Friedrich Hölderlin fand dann 1800, als er nach der Entdeckung seiner Liebe zu Susette Gontard aus Frankfurt fliehen musste, für einige Monate Aufnahme in Stuttgart im Haus des befreundeten Kaufmanns Christian Landauer in der Gymnasiumstraße 1. Die vorher verhasste Residenz erschien ihm nun als offener Saal und glänzendes Tal. Neben dem Unterrichten der Landauer'schen Kinder und gelegentlichen Privatlektionen in Philosophie fand er Zeit für große Gedichte: *Der Neckar, Der Gang aufs Land, Brod und Wein* und die Elegie *Stutgard* mit den berühmten Zeilen »Sei uns hold! dem Gast und dem Sohn, o Fürstin der Heimat! / Glückliches Stutgard, nimm freundlich den Fremdling mir auf!«.

Der früheste Salon – und dann noch im Garten

Marianne Ehrmann

Zu Beginn der 1790er-Jahre besaß das Schriftstellerehepaar Theophil Friedrich und Marianne Ehrmann ein Hanggrundstück – in der Nähe des damals neu errichteten Akademietores – mit einem geräumigen Gartenhaus, in dem das Auffallendste zwei Stehpulte gewesen sein sollen.

»Oben war eine schöne Laube errichtet, gut geeignet für die vergnügliche Unterhaltung eines nicht allzugroßen Kreises«, berichtete Friedrich David Gräter aus Schwäbisch Hall, einer der Gäste der erlesenen Gesellschaft am 1. August 1793, zu der ein Leibmedicus des Herzogs, der Hofprediger, ein Hofrat, ein Professor der Akademie und eine Erzieherin aus Würzburg gehörten. Die Stimmung scheint gut gewesen zu sein, man erzählte Gespenstergeschichten und Anekdoten, die den Gästen »den Kopf warm« machten, zur Abkühlung stiegen sie im Garten auf und ab. Zurück in der Laube kam die Rede auf die Liebe und nun stand die Gastgeberin – »Amalie«, wie sie von ihren Freunden mit ihrem Künstlernamen genannt wurde – im Mittelpunkt. Die Gespräche dauerten bis in die Nacht, erst als der »Wachsstock« zu Ende ging, löste sich die Gesellschaft auf.

Marianne Ehrmann.
Zeitgenössischer Schattenriss.

Marianne Ehrmann (1755–1795) war eine Frau »von Verstand, Witz, Gefühl, Fantasie und Feuer«, wie Gräter sie charakterisierte. 1784 publizierte sie die *Philosophie eines Weibs*, vier Jahre später den autobiografisch gefärbten Roman *Amalie. Eine wahre Geschichte in Briefen*. Darin berichtete sie von den Erfahrungen einer jungen Frau, die sich, wie sie früher einmal selbst, als Schauspielerin allein durchschlagen muss.

Von 1790 an gab sie ein eigenes Journal heraus, *Amaliens Erholungsstunden*, das dem Verleger Cotta, der früh in der weiblichen Leserschaft eine neue Zielgruppe sah, später dann zu viel Aufklärung und zu wenig Pariser Mode enthielt. Besonders Ehrmanns emanzipatorische, kämpferische, teils auch bissigen *Fragmente für Denkerinnen* sind bis heute überraschend aktuell: »Ein gebildetes Frauenzimmer verbreitet in jeder Gesellschaft neues Leben. Sie allein ist es, die den Denker zum Entzükken hinreißt, den Weichling beschämt, den Thoren auslacht. – In unserem Jahrhundert fordert man von uns mehr, als bloßes sinnloses Geschwäz, taktmäßige Etikette oder heuchlerische Ziererei.«

Diemershalde / Stafflenbergstraße – Sünderstaffel

Vom Sinn des Treppenstufenzählens

Felix Huby

Eine der schönsten von den mehreren hundert Staffeln in Stuttgart, geradezu ein »Paradestäffele« wegen seiner Gestaltung und Lage, heißt »Sünderstaffel«.

Historiker führen die Herkunft des Namens auf eine Familie Sünder zurück, nach der das Gewann benannt wurde, die Sage berichtet von einem Mord, und wer die 244 Stufen von der Pfizerstraße bis zum Aussichtspunkt Diemershalde / Stafflenbergstraße hinaufgelaufen ist, mag sich nach dieser Anstrengung seiner Sünden ledig und mit einem herrlichen Blick über die Stadt belohnt fühlen.

Felix Huby, geboren 1938 in Dettenhausen, der seine Laufbahn einst als Journalist begonnen hat, jedoch seit bald vierzig Jahren erfolgreich (Kriminal-)Romane, Theaterstücke und Drehbücher schreibt, lässt eine kleine Episode auf der Sünderstaffel spielen.

Sein Kommissar Ernst Bienzle, die Hauptfigur einer inzwischen fünfzehn Bände umfassenden Krimireihe, profitiert öfter von seiner Ortskunde.

Felix Huby alias Eberhard Hungerbühler, 2014.

»Er war gerade am Charlottenplatz gewesen, als er die Durchsage ›An alle!‹ gehört hatte. Ein bewaffneter Täter war in ein Haus an der Sünderstaffel eingedrungen, hatte eine Frau mit der Waffe bedroht, niedergeschlagen und den ganzen Schmuck und alles Bargeld mitgenommen.«

Von der Innenstadt kommend bog Bienzle eben in die Stafflenbergstraße ein, hielt am oberen Ende der Treppe und vertrat dem Mann den Weg.

»Er schätzte ihn auf etwa 40 und nicht besonders sportlich. Der Mann hob den Kopf. Bienzle sagte: ›Wieviel Stufen sind's eigentlich von da unten rauf?‹ – ›137‹ sagte der Mann wie aus der Pistole geschossen. Er hatte die gleiche Angewohnheit wie Bienzle, selbst wenn er es eilig hatte, zählte er die Stufen. Bienzle nickte zufrieden. Er wußte, daß es von der Pfizerstraße aus 244 waren, also war der Mann später eingestiegen und Bienzle ahnte auch, was er sich gedacht hatte: ›Alle werden annehmen, daß ich die Treppe hinunterrenne, also nehm ich den Weg treppauf.‹«

Den Fortgang kann man sich denken: Der Kommissar blufft, der Täter lässt sich resigniert Handschellen anlegen.

Bienzle hat übrigens nicht nur die Gewohnheit, die Stufen zu zählen, wenn er eine der Stuttgarter Staffeln hinabsteigt. »Verzählte er sich einmal, machte er sofort kehrt, um nochmal von vorne anzufangen. Und so kam es, daß er gelegentlich doch auch einmal aufwärts steigen mußte.«

Und noch eine Eigenart hat Bienzle: Er macht sich Orakel etwa in der Art: »Wenn's bis zum nächsten Treppenabsatz mehr als 50 Stufen sind, geht heute alles gut!«

Beinahe auf der höchsten Höhe des Berges

Friedrich Hackländer

An der Stelle, wo heute Gänsheide-, Heidehof- und Hackländerstraße aufeinandertreffen und eine Mauer den Blick auf das Anwesen der Robert Bosch Stiftung hemmt, hatte Friedrich Wilhelm Hackländer (1816–1877) ein Landgut erworben, einen Park angelegt und zunächst ein Weinberghäuschen hingestellt. 1847 begann er mit dem Bau seiner Villa, für die er sich schon passendes Baumaterial reserviert hatte. Denn als man 1846 für den Bau des Kronprinzenpalais ältere Häuser abriss, entdeckte Hackländer in einem Torweg »vier schöne steinerne Säulen im edelsten Renaissancestil, die offenbar von dem ersten Umbau des königlichen Lusthauses herrührend, hier zur Hälfte eingemauert standen«.

Hackländer war der Typ eines Hans Dampf in allen Gassen. 1840, mit vierundzwanzig Jahren, zog er in die Verlagsstadt Stuttgart, geriet rasch in Künstler- und Hofkreise, bot Cottas *Morgenblatt* erste Beiträge an und begab sich mit vom Verleger geliehenem Geld auf eine Orient-Tour. Seine Reisebeschreibungen wurden gedruckt und fanden Anerkennung. Rasch machte er Karriere als Autor von autobiografisch inspirierten, »die Wirklichkeit frischweg abschreibenden« Romanen und Theaterstücken. Er konnte sich Menschen seiner Umgebung gewogen machen und glänzte als Organisator: 1846 wurde er Sekretär des Kronprinzen Karl, 1860 ernannte König Wilhelm I. ihn zum Leiter der Stuttgarter Bau- und Gartendirektion, unter seiner Ägide wurden Schlossplatz und Schlossgarten neu gestaltet, der Königsbau und die Markthalle errichtet, der Nesenbach im Stadtgebiet unterirdisch verlegt und eine Wasserleitung vom Neckar zur Stadtmitte gebaut.

Hackländer avancierte zum Herausgeber der viel gelesenen Zeitschriften *Hausblätter*, *Über Land und Meer* und *Sorglose Stunden im Kreise beliebter Erzähler*.

Villa »Haidehaus«. Aquarell von H. Herdtle, 1852.

In *Der Roman meines Lebens* berichtet er von prächtigen Festen dort oben im Haidehaus, auch prominente Besucher wie Justinus Kerner, Fürst Pückler-Muskau, Hans Christian Andersen oder Ferdinand Freiligrath äußerten sich begeistert. Ottilie Wildermuth notierte: »Wirklich ein zauberisch schöner Sitz, so ganz verschieden von allem, was man sonst sieht. Der Garten ist mit Bassins, Gehölzen, Blumen und Gebüschen einzig schön angelegt, überall die lieblichsten Ruhepunkte mit entzückender Aussicht.«

Nach Wilhelms Tod 1864 verlor Hackländer seinen Einfluss bei Hofe, erwarb ein zweites »Haidehaus« am Starnberger See, wo er 1877 starb. Begraben liegt er in Stuttgart auf dem Pragfriedhof.

Albrecht-Goes-Platz

Pfarrer und Dichter

Albrecht Goes

Eines der treffendsten Gedichte auf Stuttgart, nach eigenem Bekenntnis »ein Ja«, »aber ein realistisches«, hat Albrecht Goes (1908–2000) verfasst. Voller Anspielungen auf Mentalität – »Sag: Grüblergeist, sag Tüftlersinn und -mut« –, Menschen und Unternehmen: Schiller und Hegel, Rommel und Ringelnatz, Bosch und

Albrecht Goes, 1967.

Daimler, auf Spezialitäten wie Filderkraut, Hofkammerabzug und Stäffele, und zudem skeptisch grundiert: »Groß Macht und Glanz. Und Glanz und groß Gefahr.«

Der im Hohenlohischen geborene Pfarrerssohn, der selbst wieder Pfarrer wurde, hatte 1932 sein erstes Buch mit dem Titel *Verse* veröffentlicht, dem Erzählungen und Essays, Gedichte und Betrachtungen folgten. »In allem, was ich schreibe«, so lautete sein Credo, »ist es mir darum zu tun, einen Beitrag zur Wiederherstellung der Einheit der inneren Person, zur Erneuerung der in Mauthausen und an hundert anderen Stellen so tief verstörten Menschenwürde zu leisten.«

Er sah sich als einen unbequemen Mahner – auf den man im Lande aber offenbar gern hörte: Seine Bücher wurden viel gelesen, seine Predigten waren gut besucht. Seit 1953 vom Gemeindedienst befreit, hatte er zwanzig Jahre lang einen monatlichen Predigt-Auftrag in der Paul-Gerhardt-Kirche und in der Christuskirche auf der Gänsheide. In deren unmittelbarer Nähe wurde noch in seinem Todesjahr der Platz am Bubenbad mit dem Salamanderbrunnen nach ihm benannt und eine Stele mit seinem Gedicht *Sieben Leben* errichtet.

Gern hat Albrecht Goes von sich gesagt, er sei in Stuttgart kein Stadtmensch geworden und kenne nur seine Rohrer Höhe (wo er von 1954 an lebte), doch schätzte er gelegentlich Besuche der Staatsgalerie und von Konzerten in der Liederhalle, sogar das Flanieren auf der Königstraße und besonders dem Wochenmarkt.

Auf seinen ausdrücklichen Wunsch hin wurde er nahe der Grabstätte seines verehrten Vorbilds Eduard Mörike beerdigt – so, wie das Stuttgart-Gedicht endet: »Und zum Valet: Zypressen auf der Prag.«

Die Kälte der Macht

Manfred Zach

Eine der prachtvollsten Straßen im noblen Villenviertel Gänsheide ist die Richard-Wagner-Straße, die vor 1933 Heinestraße hieß. Die Nationalsozialisten tauften sie um, zumal in der Villa Reitzenstein der »Reichsstatthalter« Murr residierte, der für den Fall seiner Flucht 1945 die Zerstörung angeordnet hatte. Zum Glück widersetzte sich ein Ministerialrat diesem Befehl.

Das Palais, in dem heute der Amtssitz des Ministerpräsidenten von Baden-Württemberg und das Staatsministerium repräsentativ, mit beherrschendem Blick, untergebracht sind, wurde 1910 bis 1913 im Louis-Seize-Stil von der Baronin Helene von Reitzenstein, der Tochter des steinreichen Verlegers und Gründers der Deutschen Verlags-Anstalt, Eduard Hallberger, erbaut; als ein Anwesen mit 61 Räumen, darunter ein geheizter Rotwein- und ein gekühlter Weißweinkeller, Silberputzzimmer und Billardraum, mit Rosarium und Wasserfällen. Ein schwäbischer Steinmetzmeister

Villa Reitzenstein, um 1990.

soll angesichts der älteren, verwitweten Bauherrin kopfschüttelnd geäußert haben: »Ond dees älles om oi Bett rom!« Die Villa wurde der Eigentümerin dann bald zu groß und zu teuer, nach neun Jahren verkaufte sie das Anwesen und zog nach Oberbayern.

Wenn Manfred Zach seinen Erstling über »Die Kälte der Macht« *Monrepos* nennt, so spiegelt dieser Titel mehrere Facetten. 1996 erschienen, gibt der Schlüsselroman Einblicke in das Innenleben einer Machtzentrale – und in das Funktionieren des Politikgeflechts überhaupt.

Manfred Zach, 1947 geboren, schlug nach dem Jura-Examen die Beamtenlaufbahn ein, wurde Pressereferent, dann Leiter des Grundsatzreferats und schließlich Regierungssprecher in der Ära von Lothar Späth. Nach einigen Büchern zu Fragen der politischen Kultur veröffentlichte er 1995 einen Bericht über *Die manipulierte Öffentlichkeit. Politik und Medien im Beziehungsdickicht* und im Jahr darauf den bis heute erfolgreichen Roman. Sicher hat *Monrepos* als Erstausgabe in der sehr schönen und ordentlich gefüllten Bibliothek der Villa Reitzenstein seinen Platz gefunden, zu einer Lesung wurde der Insider jedenfalls schon eingeladen.

Zur Schillereiche 23

Kirschblüten schneien

Margarete Hannsmann und Johannes Poethen

Ein kleines Dichtermuseum hätten sich viele an diesem Ort gewünscht, mehr noch wegen des Genius loci als der Lage wegen. Wobei Letztere eine der schönsten in dieser an schönen Lagen wahrlich nicht armen Stadt ist. Hermann Lenz, der Flaneur, fühlte sich hier oben wegen der Bäume an den Schwarzwald erinnert, lobte die sich frisch atmende Luft und das weite Panorama. Auf dem Aussichtspunkt soll die 1865 gepflanzte Schillereiche daran erinnern, dass der jugendliche Dichter auf dieser Anhöhe im Mai 1778 seinen Freunden aus der Hohen Carlsschule aus dem Manuskript der *Räuber* vorgelesen habe; überliefert ist diese zweifellos hübsche Episode in einer Erzählung und einem Aquarell von Carl Heideloff, dem Sohn eines angeblichen Augenzeugen.

Von Mythen war in dem Haus Zur Schillereiche 23 sicher häufig die Rede, denn Johannes Poethen und HAP Grieshaber sowie zwischen beiden Margarete Hannsmann (1921–2007) lebten hier.

Margarete Hannsmann stammte aus Heidenheim, hatte in Stuttgart ein Schauspielstudium absolviert, nach allerlei Brotberufen erst spät und durch den Kollegen

Schillers legendäre Räuber-Lesung. Gemälde von Carl Heideloff.

Poethen »das Handwerk des Schreibens« erlernt. Entscheidend war für sie die Begegnung und langjährige Lebensgemeinschaft mit dem Maler und Holzschneider HAP Grieshaber, der auch nach seinem Tod 1981 in vielen ihrer Gedichte und einem Erinnerungsbuch präsent blieb, sie nannte sich als *Chauffeur bei Don Quichote* (so ein Romantitel) auch Sancho Pansa. Und sie schrieb in einem Selbstporträt: »Gelernt, daß man sich ducken muß unterm Hieb der Dialektik, bis man sich selbst als Paradoxon erkennt: als introvertierte Extrovertierte, die Lebenswege von ebensolchen Künstlern gekreuzt hat.«

Das Haus erschien der Stadt zu klein und nur mühsam erreichbar für eine öffentliche Nutzung, inzwischen wurde es verkauft und man hofft, dass der neue Besitzer es pflegt, anders als es in Hannsmanns Gedicht anklingt:

»Kirschblüten schneien / Auf mich herunter ins Gras / Keiner erntet mehr.«

Was auf jeden Fall bleibt, ist das Panorama, das Johannes Poethen einmal – die eigene Begeisterung nur mühsam bezwingend – so beschrieb: »Da erscheint die Stadt ohne Makel, voller Pracht, mit funkelndem Geschmeide, die fremden Besucher staunen: welch eine Nachtschönheit.«

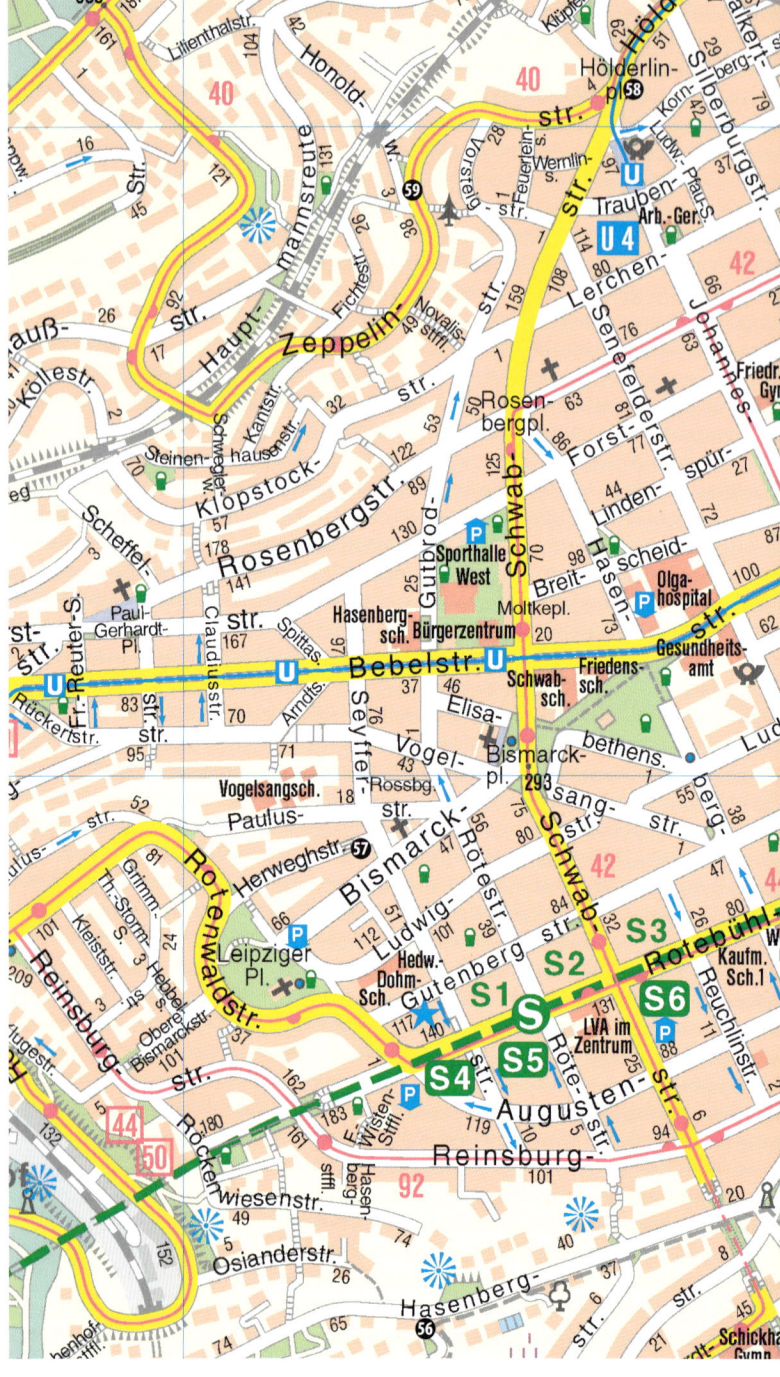

Uniiviertel, Hospital-
viertel, Westen

Frau Hofrätin lässt bitten

Nikolaus Lenau und Emilie Reinbeck

» Heute bin ich wieder bei Reinbecks auf ein großes Spargelfressen. Spargel wie Kirchthürme werden da gefressen«, schrieb Lenau in einem Brief. »Ich allein verschlinge 50–60 solch Kirchthürme, und komme mir dabei vor, wie eine Parodie unserer politisch prosaischen, durchaus unheiligen Zeit.«

Nicht nur wegen des vortrefflichen Spargels, den Hofrat Georg von Reinbeck anbaute, sondern vor allem wegen Emilie Reinbeck und ihren Schwestern fühlte der junge Dichter Nikolaus Lenau, eigentlich Nikolaus Franz Niembsch Edler von Strehlenau (1802 bis 1850) sich so wohl in diesem Haus in der Friedrichstraße 14. »Was Traulicheres Liebevolleres gibts nicht als das Zusammenleben dieser Menschen. Ich bringe täglich mehrere Stunden zu mit den geistreichen Frauenzimmern.«

Nach ihrer Heirat mit Georg von Reinbeck führte Emilie die von ihren Großeltern und Eltern Hartmann gepflegte Tradition eines offenen, gastfreundlichen Hauses fort und die literarische Anziehungskraft dieses Salons (seit Ende der 1820er-Jahre in der Friedrichstraße) war wesentlich der »köstlichen Frau« zu verdanken, wie Lenau sie nannte.

Nach seiner Rückkehr aus Amerika wohnte er, wenn er in Stuttgart war, bei Reinbecks: »Ich lebe hier sehr gemüthlich. Die liebe Emilie hat mir mein Zimmer gar schön geschmückt, mit drei Bildern, welche sie nach Gedichten von mir gemalt hat. Ein unaussprechlicher Zauber liegt in dem warmen Colorit der lieben Künstlerin; jedes Wölkchen athmet, jedes Blatt pulsiert. Man kann nicht ohne süssen Herzschlag vor ihren Bildern stehn.«

Lenau seinerseits bezauberte die Herzen seiner Umgebung, nicht nur die weiblichen, durch Liebenswürdigkeit, durch sein Gitarren- und Geigenspiel – auch wenn die Freunde manchmal von seinen Launen ausgesprochen genervt waren. Er beklagte die »Philisterei«, später beständiges Unwohlsein, Kopfschmerz, Schlaflo-

Salon im Hartmann-Reinbeck'schen Haus.

sigkeit, Mattigkeit: »Das Stuttgarter Klima ist abscheulich, ich lie-
ge in diesem Tal wie auf einer Bratpfanne. Ich habe alles getan, was
mir leiblich frommen sollte, auch das Baden nicht vergessen; doch
die Luft ist gar zu lax und erbärmlich.«

Im Oktober 1844 erlitt er im Hartmann-Reinbeck'schen Haus
einen schweren psychischen Zusammenbruch, wurde von Emilie
hingebungsvoll gepflegt, musste aber schließlich in die Heilanstalt
Winnenthal eingewiesen werden.

Friedrichstraße 10

Die Eiserne Lerche

Georg Herwegh

B einahe wäre sein Name in Stuttgart doch noch bekannt geworden. Als der Kulturausschuss Ende der 1970er-Jahre im Gemeinderat vorschlug, einen Literaturpreis zu stiften und ihn nach
Georg Herwegh zu benennen, entstand eine heftige Debatte über
die liberale oder doch eher sozialistische Gesinnung des revolutio-
nären Vormärz-Dichters. Das Ergebnis war, dass man den Stutt-

GEORG HERWEGH

Politisch-revolutionärer Lyriker, Vertreter der politisch-
literarischen Bewegung des „Jungen Deutschland"
Geboren 31. Mai 1817 in Stuttgart
Gestorben 7. April 1875 in Lichtental/Baden-Baden
Verfasser der „Gedichte eines Lebendigen",
entstanden nach Herweghs Flucht in die
Schweiz 1839
Hier stand bis 1944 das Haus, in dem
Georg Herwegh 1837 bis 1839 wohnte

Gestiftet
vom Verlag Klett-Cotta
1988

Erinnerungsplakette
für Georg Herwegh
am Hochhaus
Friedrichstraße 10.

garter Literaturpreis von 1978 bis 2002 lieber namenlos verlieh; inzwischen wurde die Auszeichnung für Schriftsteller und Übersetzer nach dem Verleger Johann Friedrich von Cotta getauft.

Geboren wurde Georg Herwegh (1817–1875) als Sohn eines Gastwirts in Stuttgart. Nach Gymnasium und Seminar begann er die theologische Ausbildung in Tübingen, wurde jedoch vom Evangelischen Stift wegen Schulden und Lärmens verwiesen; er dichte zu viel und denke zu wenig, soll ihn der Ephorus getadelt haben. Das Jura-Studium brach er aus finanziellen Gründen ab, um sich als Autor und Literaturkritiker durchzuschlagen, zunächst arbeitete er als Redaktionsgehilfe für August Lewalds Zeitschrift *Europa. Chronik der gebildeten Welt*, die seit 1835 in Stuttgart erschien, später veröffentlichte Herwegh darin Kritiken, Übersetzungen und Gedichte. Zwischen 1837 und 1839 wohnte er in der Friedrichstaße 10 / Ecke Kronenstraße. An dem nach dem Zweiten Weltkrieg dort errichteten Hochhaus erinnert noch eine Plakette an den Lyriker und Vertreter des »Jungen Deutschland«.

Um dem verhassten Militärdienst zu entgehen, desertierte er 1839 in die Schweiz, dort erschienen im Sommer 1841 seine *Gedichte eines Lebendigen* – Heine nannte ihn daraufhin die »Eiserne Lerche«. Trotz sofortigen Verbots dieser Freiheitslyrik in Deutschland erfuhr sie riesige Verbreitung und Herwegh wurde über Nacht populär; seine spätere Frau Emma (geborene Siegmund) verliebte sich bei der Lektüre spontan in deren Urheber und setzte alles daran, ihn kennen zu lernen. Mit ihr lebte er dann in Paris und war unter anderem neben Marx, Engels, Heine und Bakunin Mitarbeiter des *Vorwärts!*. Nach dem Scheitern der 1848er-Revolution ging das Ehepaar in die Schweiz und landete schließlich in Lichtental bei Baden-Baden. Begraben wurde er auf seinen Wunsch hin in »freier Schweizer Erde«, in Liestal im Kanton Basel-Landschaft. Dass Herwegh zahlreiche Dramen Shakespeares übersetzte, ist kaum bekannt, ebenso wenig, dass seine bis zum Schluss politische Lyrik noch Bismarck und die Errichtung des Kaiserreichs kritisierte.

Ereignis und Lieblingsfeind

Max Bense und Elisabeth Walther-Bense

Jeden Montag war Bense-Day. Alle Welt traf sich zu seiner Vorlesung in einem ziemlich häßlichen Hörsaal. Keineswegs nur Studenten und Schüler, sondern eine wilde Mischung aller möglichen und unmöglichen Leute aus Kunst und Kommerz, Architektur und Literatur. Auch diverse schwäbische Unternehmer hielten es für ihre Pflicht, einmal in der Woche dem Klassenfeind zu Füßen zu liegen.« So erinnert sich die Bense-Schülerin und Hörfunk-Redakteurin Marlis Gerhardt und viele erinnern sich mit ihr an Max Benses (1910–1990) temperamentvolle, unakademische Auftritte im Tiefenhörsaal des Kollegiengebäudes II in der Keplerstraße 17, Auftritte, die man heute »Performances« nennen würde. Ebenso an seine Vernissagenreden in der Buchhandlung Niedlich und in seiner »Studiengalerie«, in der erstmals Computergrafik gezeigt wurde. Sie war seit 1965 im dreizehnstöckigen »Hahn-Hochhaus« (heute Sitz der LBS, Friedrichstraße 10) untergebracht, wo Max Bense mit seinem

Professor Max Bense.

Institut für Philosophie und Wissenschaftstheorie im achten Stock residierte.

1949 war er für eine Gastvorlesung gekommen, im Jahr darauf zum außerordentlichen, 1963 zum ordentlichen Professor der TH Stuttgart ernannt worden. Benses vielzitierter Satz: »daß Stuttgart eines Tages nur ein Ort meiner Füße gewesen sein wird«, ist längst widerlegt, denn er verbrachte nicht nur über die Hälfte seiner Lebenszeit hier, sondern war zudem das Haupt der »Stuttgarter Schule« – wenn auch nicht als einsamer Held auf dem Bronzedenkmal, wie Arno Schmidt ihn in seiner *Gelehrtenrepublik* verewigt hat. Dass Max Bense in der restaurativen Adenauer-Ära als Enfant terrible, als Antichrist und Jugendverführer galt und wegen seiner Kirchen- und Papstkritik im Landtag mehrmals heftige Diskussionen über die Grenzen der Lehrfreiheit auslöste, kann man sich heute kaum mehr vorstellen.

Wissenschaftliche Mitarbeiterin am Lehrstuhl seit 1950, Benses Assistentin seit 1956 und später Ehefrau, vor allem seit 1969 Professorin für systematische Philosophie war Elisabeth Walther (Jahrgang 1922), zudem Redakteurin der Zeitschrift *Augenblick* und Herausgeberin der kleinen feinen *edition rot* für Einzeltexte experimenteller Literatur. Seit Benses Tod betreut sie seinen Nachlass und leitete noch lange die Forschungsgruppe für Semiotik und Wissenschaftstheorie an der Universität Stuttgart.

Breitscheidstraße 4 – Literaturhaus

Stuttgart im Städte-Quartett

W. G. Sebald

In seinen *Gedanken zur Eröffnung eines Stuttgarter Hauses* offenbarte W. G. Sebald (1944–2001) unter der Überschrift *Zerstreute Reminiszenzen*, wie er als fünfjähriger Junge zusammen mit seiner Schwester im Quelle-Katalog blätterte, aus dem dann für die Kinder Kamelhaarhausschuhe bestellt wurden und als Zugabe ein Städte-Quartett. Zwischen den anderen deutschen Städten mit ihren jeweiligen Sehenswürdigkeiten war Stuttgart darin mit dem Hauptbahnhof präsent, dem Bonatzbau, dessen »kantiger Brutalismus« Sebald später wieder begegnete, auf einer zufällig erstandenen Ansichtskarte, die ein englisches Schulmädchen von ihrem Ferienaufenthalt dort kurz vor dem Ausbruch des Zweiten Weltkriegs mit überaus positiven Eindrücken nach Yorkshire geschickt hatte.

W. G. Sebald, 2001.

Sebald selbst kam 1976 zum ersten Mal nach Stuttgart, als er den damals in der Reinsburgstraße lebenden Maler Jan Peter Tripp besuchte, mit dem er im allgäuischen Oberstdorf zur Schule gegangen war.

Sebald schichtet in seinem Essay eigene Erinnerungen und Historisches aufeinander, Hölderlin ist ebenso präsent wie das Lager der Displaced Persons in Stuttgart und die Vergeltungsaktion einer SS-Division im französischen Tulle. So wirkt der Text wie eine Kleinform seines Romans *Austerlitz*, der, im Herbst 2001 erschienen, bei der Eröffnung des Stuttgarter Literaturhauses am 18. November mit einer Lesung des Autors und im Gespräch mit Sigrid Löffler präsentiert wurde.

Sebald war der prominenteste Gast, kurz zuvor mit dem Breitbach-Preis ausgezeichnet und für *Austerlitz* von der internationalen Kritik gelobt und hochgeschätzt für seine beeindruckende Art des Sammelns und Archivierens von Lebensgeschichten. Oder, wie er selbst es formulierte: Über die Registrierung der Tatsachen und über die Wissenschaft hinaus gehe es ihm in seinem literarischen Schreiben »um einen Versuch der Restitution«.

Dass W. G. Sebald nur wenig später, am 14. Dezember 2001, bei einem Autounfall nahe Norfolk in seiner ostenglischen Heimat tödlich verunglückte, verlieh seinem Stuttgarter Auftritt nachträglich eine beinahe schicksalshafte Bedeutung.

Eine Hochstaplergeschichte

Walter Serner

Dass der aus Karlsbad stammende, zu Beginn des Ersten Weltkriegs in die Schweiz emigrierte kosmopolitische Schriftsteller und Dada-Dandy Walter Serner (1889–1942) den Hoppenlaufriedhof zum Ausgangspunkt einer Kriminal-Geschichte wählte, ist wenig bekannt, und über seinen Stuttgart-Aufenthalt weiß man gar nichts. Allerdings war er offenbar ortskundig und die erwähnten Lokalitäten existierten, selbst ein im Besitz von Paul Woerner befindliches »Hotel-Restaurant Frank« in der Friedrichstraße 26.

Vielleicht kann man sich den Autor, der ständig unter Geldmangel litt, in einer ähnlichen Situation denken wie seinen Protagonisten, den Hochstapler Semmelhug in der Geschichte *Das Zéro* (1925): »Mit Semmelhug wollte es, seit er in Stuttgart war, nicht vorwärts gehen. Schon nach acht Tagen hatte er das Hotel Marquardt mit dem Hotel Wörner vertauschen müssen und wenige Tage darauf dieses mit einem kleinen Zimmer in der Rosenbergstraße. Da er einsah, daß es mit ihm bald so weit sein würde wie vor fünf Jahren, als er, zu sehr seinem Glück vertrauend, plötzlich gepäcklos auf der Straße stand, überzählte er zähneknirschend den Rest seiner Barschaft: ›Fünfunddreißig Mark! Entsetzlich!‹ … Semmelhug schlendert über den Friedhof, von Zeit zu Zeit gedankenlos vor einem Grab stehen bleibend. Nach einer Viertelstunde fiel ihm auf,

Hoppenlaufriedhof.

daß er die Inschriften las, und gleichzeitig, daß er soeben eine sehr merkwürdige gelesen hatte. Er kehrte um, trat neuerdings vor den Grabstein und las laut vor sich hin: ›Heinrich von Inten, geb. am 3. März 1850, gest. am 10. März 1911 aus Gram über seinen verlorenen Sohn.‹ Bald darauf verließ er, keineswegs heiterer als vordem, den Friedhof und gelangte langsamen Schrittes allmählich auf die Königstraße.«

In einem »Anfall von galgenhumoresker Gleichgültigkeit« beschließt er, koste es, was es wolle, im Wilhelmsbau zu essen. Die merkwürdige Grabinschrift geht ihm im Kopf herum, er erkundigt sich bei einem Kellner nach Heinrich von Inten und erfährt, dieser sei fünfzehn Jahre lang Bürgermeister gewesen (die Stuttgarter Stadtgeschichte kennt ihn freilich nicht), und – nachdem er sich als bester Freund des verschollenen Sohnes zu erkennen gibt –, dass Frau von Inten und Tochter Stella in vermögenden Verhältnissen leben.

Wie die Handlung sich weiterentwickelt, darf nun jeder selbst mit ausgesprochen großem Vergnügen nachlesen.

Hohe Straße 8 / Ecke Gymnasiumstraße

Literarisches Hauptquartier

Gustav Schwab

Die Wohnung Schwabs in der Hohen Straße war seit 1818 ein ständiger Treffpunkt für Schriftsteller aus dem ganzen deutschen Sprachraum, »ein literarisches Hauptquartier«. Es käme ein Besuch nach dem anderen, schrieb Sophie Schwab an die befreundete Friederike Kerner, die mit ihrem Justinus in Weinsberg ein ähnlich offenes Haus führte. Dass sie sich neben der damals unvorstellbar mühevolleren Hausarbeit und Schreibarbeiten für den Ehemann gerne Zeit für die Gäste nahm, wissen wir von Nikolaus Lenau, den das dortige Ambiente im Herbst 1831 zwei Monate lang »unwiderstehlich fesselte«, und der von den Stuttgarter Begegnungen als einer »poetischen Wallfahrt« schwärmte.

Beinahe sein ganzes Leben verbrachte Gustav Schwab (1792–1850) in Stuttgart, abgesehen von der Studienzeit in Tübingen, einigen Reisen und einem kurzen Intermezzo als Pfarrer in Gomaringen auf der Alb. Neben seinem Beruf als Professor am Gymnasium, Amtsdekan und Pfarrer an der Leonhardskirche, später »kgl. Oberstudienrat des Konsistoriums« für kirchliche Verwaltung, war er, mehr als eigen-

Gustav Schwab. Stahlstich von Christian Sigmund Pfann, 1850.

ständiger Schriftsteller, ein Vermittler und Sammler (unter anderem von Hölderlin-Gedichten), ein Mentor für jüngere Kollegen und ein Berater, nicht zuletzt des Verlegers Cotta.

Heute kennt man Gustav Schwab am ehesten noch als Jugend- und Lesebuchautor, man denke an *Die schönsten Sagen des klassischen Altertums* und die Ballade *Der Reiter und der Bodensee.*

Unzählige Straßen in Württemberg wurden nach ihm benannt, in der Hauptstadt eine der längsten, beginnend am Schwabtunnel, der bei seiner Eröffnung 1896 der erste Straßen- und Straßenbahntunnel des Kaiserreichs und damals Europas breitester Tunnel war.

Sogar Heinrich Heine hat Schwab in der boshaft-ironischen Generalabrechnung seines *Schwabenspiegels* (1838) herausgestellt: »Der bedeutendste von ihnen ist der evangelische Pastor Gustav Schwab. Er ist ein Hering in Vergleichung mit den anderen, die nur Sardellen sind; versteht sich, Sardellen ohne Salz. Er hat einige schöne Lieder gedichtet, auch etwelche hübsche Balladen; freilich mit einem Schiller, mit einem großen Walfisch, muß man ihn nicht vergleichen.«

Ganz sicher aber darf man Schwab einen frühen Reiseschriftsteller nennen, bereits vor Karl Baedeker hatte er einen Albführer verfasst und 1837 seine immer noch lesenswerten *Wanderungen durch Schwaben.*

Ein schwäbischer Salon über drei Generationen

Johann Georg und Juliane, August und Mariette Hartmann

Der Domänenrat Johann Georg Hartmann (1731–1811) hatte – sicher mit Unterstützung seiner Ehefrau Juliane Friederike (1736–1779) – damit begonnen, in der Casernenstraße 20 auf dem Bollwerk (heute Fritz-Elsas- / Ecke Leuschnerstraße) Intellektuelle aus Kunst, Wissenschaft und Politik um sich zu versammeln: Goethe war auf Vermittlung von Lavater während seines ersten Stuttgart-Aufenthaltes im Dezember 1779 zu Gast und verbrachte besonders gern seine Abende dort. Da Goethe und Herzog Karl August von Sachsen-Weimar bewusst inkognito in der Stadt weilten, Herzog Carl Eugen aber alles Mögliche außer öffentlichen Ehrbezeigungen tun wollte, war Hartmann täglicher Begleiter bei Besuchen der Solitude und Ludwigsburgs, des Schauspiels und den Feierlichkeiten zum Jahrestag der Hohen Carlsschule, und war dabei, als Goethe und Schiller sich zum ersten Mal zusammen in einem Raum befanden.

Johann Caspar Schiller nannte Hartmann seinen »wahren Freund« und redigierte dessen Buch über die Obstbaumzucht; er selbst züchtete Seidenraupen auf Maulbeerbäumen bei der heutigen Seidenstraße. Für Friedrich Schiller war Hartmann die erste Anlaufstelle, als er 1793 Stuttgart wieder betrat; er mietete sich dann im Frühjahr darauf nicht weit entfernt im Hofküchengartenhaus vor dem Rotenbildtor (heute Augustenstraße 5) ein, schrieb am *Wallenstein* und an seinen *Ästhetischen Briefen*.

Im Hartmann'schen Haus verkehrten Friedrich Nicolai, Heinrich Jung-Stilling und Christian Friedrich Daniel Schubart nach seiner Entlassung vom Hohenasperg; Karl Mayer und Friedrich Matthisson logierten hier längere Zeit.

Der älteste Sohn, August Hartmann (1764–1849), Jurist und Professor an der Hohen Carlsschule, später Geheimrat und Ver-

August Hartmann. Aquarell von Mariette von Zoeppritz, um 1835.

walter der von Königin Katharina eingerichteten Wohltätigkeitsinstitutionen und Erziehungsanstalten, führte die Tradition (allerdings unter diversen Adressen) mit seiner Frau Mariette (1766–1832) fort. Bei ihnen begegneten sich schwäbische Dichter, waren Gäste wie Ludwig Tieck und Jean Paul willkommen, aber vor allem war es Ort des »Lesekränzchens«, der bescheideneren Stuttgarter Variante eines Salons, dem die Familien von Wangenheim, Schwab, Matthisson, Duttenhofer und Therese Huber angehörten. In der dritten Generation waren es dann Emilie und Georg von Reinbeck, deren Gastfreundschaft Jean Paul und Nikolaus Lenau zu schätzen wussten.

Einfach schreiben, präzise schreiben, wahr schreiben

Bruno Frank

Als einen »schwäbischen Humanisten« und einen »wahrhaft Wohlwollenden, wahrhaft Menschenfreundlichen«, charakterisierte ihn der Weggefährte und Freund Thomas Mann. Kennengelernt haben sich die beiden Schriftsteller, als Bruno Frank (1887–1945) bei einem Novellen-Wettbewerb, in dessen Jury

Mann saß, einen Preis gewann. Die freundschaftlichen Beziehungen intensivierten sich nach 1926 in München, als beide Familien im Herzogspark wohnten, und dann wieder ab 1941, als die Manns sich in Los Angeles niederließen. Dort lasen sich die Kollegen, die früher gelegentlich Bücher des anderen in Aufsätzen gewürdigt hatten, sogar aus erst entstehenden Werken vor.

Geboren wurde Bruno Frank in der Silberburgstraße 159 als Sohn einer assimilierten jüdischen Bankiersfamilie. Dort erinnert eine Tafel an ihn.

Schon als Schüler am Karlsgymnasium schrieb er Gedichte und frönte als Student mehr seinen Neigungen zu Literatur, Spiel und schönen Frauen als seinem Studienfach Jura; den Abschluss bildete dann auch eine philologische Dissertation in Tübingen. Schon zuvor, 1909, war sein erster Roman *Die Nachtwache* erschienen, dem eine Reihe spannender Bücher zu historischen Figuren wie *Trenck. Roman eines Günstlings*, *Cervantes* oder zu zeitgeschichtlichen Themen wie die *Politische Novelle*, *Der Reisepass* und *Die Tochter* folgten, daneben Lyrik und Kurzprosa. Geradezu rauschend erfolgreich waren seine Bühnenstücke, vor allem die Komödie *Sturm im Wasserglas* von 1930, die sechsmal für Kino und Fernsehen verfilmt wurde.

Am Tag nach dem Reichstagsbrand verließ Bruno Frank mit seiner Frau Elisabeth Massary-Pallenberg Deutschland; sie lebten einige Jahre in der Emigration in Lugano, Sanary-sur-Mer, London und Salzburg. 1937 übersiedelten sie nach Los Angeles und wohnten in Beverly Hills. Dort verfasste Frank in den ersten Jahren Drehbücher für die Filmindustrie, gemäß seiner schon früh gefassten Arbeitsmaxime: »Einfach schreiben, präzise schreiben, wahr schreiben.«

Bruno Frank, 1906.

Ein Salon in der Kaserne

Emma von Suckow

An einem Novembervormittag 1838 machte Eduard Mörike ohne vorherige Anmeldung seine Aufwartung bei Frau von Suckow: »Sie ist äußerst freundlich u. führt mich zunächst dem größeren Wohnzimmer in ein kleines elegantes Gemach, wo ich mich neben sie aufs Sopha setze.« Sie unterhielten sich lebhaft und er war recht angetan von ihrem innigen, unaffektierten Wesen. Wenige Wochen später kam er mit einigen anderen Gästen, darunter Hofrätin Emilie Reinbeck mit ihren Schwestern, zum Jour fixe; meistens dienstags traf man sich im reihum stattfindenden Lesekranz, der Stuttgarter Variante des literarischen Salons – und bei Emma von Suckow (1807–1876) eben in der Kaserne.

Denn Karl von Suckow war Hauptmann in württembergischen Diensten und wohnte seit 1837 mit Frau Emma und den kleinen Söhnen im obersten Stockwerk des Pavillons der Neuen Infanteriekaserne an der Rotebühlstraße 5. 1842 zogen sie für sechs Jahre in die Marienstraße 36, später hatten sie Domizile in der Augusten- und Neckarstraße.

Emma von Suckow. Lithografie von Emil Orth, 1842.

Am meisten erfährt man über Emma von Suckow aus der umfangreichen Korrespondenz mit Justinus Kerner in Weinsberg, zu der sie selbst über 500 Briefe beigesteuert hat; darin bestrebt, »aus der Vogelperspecktive einen Blick über das Stadt- u Hofgetreibe zu geben«. Diese Hauptstadtberichte bildeten vermutlich auch eine Art Vorübungen für ihre literarische Tätigkeit.

In ihrem Bestreben nach allem Guten war sie wohl etwas über-
eifrig, nicht unanstrengend und bisweilen taktlos, was die gelegentlich zitierte, despektierlich formulierte, aber nett gemeinte Äußerung Clemens von Brentanos erklärt, sie sei »eine ganz liebe An-
muthstrampel«. Nikolaus Lenau – über den sie nach seinem Tod
das Buch *Lenau in Schwaben* verfasste – beschrieb sie als »eine äußerst gutmütige Frau, der Leib dick, und die Seele nicht zu mager«.

Andere Werke von ihr, erschienen unter dem Pseudonym Emma
(von) Niendorf, sind unter anderem die *Reisescenen in Bayern, Ty-
rol und Schwaben, Wanderleben am Fuße der Alpen* und Reise-
bücher über Paris, London oder Italien. Ein Zeitgenosse urteilte
über die Schriftstellerin: Sie »sieht mit dem Herzen, hört mit dem
Gefühle und fühlt mit den Augen«.

Mörikes Widmungsgedicht an sie kann man ähnlich verstehen:
»Blauen See und wilde Täler / Zeichnest du mit rascher Hand, /
Alter Schöpfung Rätsel-Mäler, / Schneegebirg und Felsenwand. //
Was dir Herrliches begegnet, / Wird erst dein durch schöne Kunst.«

Paulinenstraße 19   **52**
. . . .

Auch eine Theologensozialisation

Hermann Kurz

V on dem ursprünglich vornehmen Villenviertel zwischen Gär-
ten und Weinbergen ist wenig geblieben. In unmittelbarer
Nähe des Nachkriegsbaus Paulinenstraße 19 – gegenüber dem
»Gerber« – stand bis 1944 das Haus, in dem Hermann Kurz und
Marie von Brunnow kurz nach seiner Festungshaft wegen Pres-
severgehens von 1851 bis 1856 wohnten. Die hier 1853 geborene Tochter Isolde beschreibt in ihrer Biografie *Hermann Kurz.
Ein Beitrag zu seiner Lebensgeschichte* (1919) recht drastisch die
Wohnsituation: »Von der äußeren Szenerie, die uns in Stuttgart
umgab, weiß ich wenig zu sagen. Die schöne Gartenwohnung in
der Paulinenstraße, wo wir drei Ältesten geboren sind, ist völlig

Hermann Kurz. Albumin von Franz Hanfstaengl, 1863.

für mich im Nebel versunken. Das umgebende Grün machte dieses Haus meinen Eltern sehr lieb, bis ein pensionierter Offizier, der in dem oberen Stockwerk einzog, sie durch fortgesetztes Gehämmer auf dem Klavier zum Auszug nötigte. In der Militärstraße, wo sie sich nun einmieteten, kam der Dichter vom Regen in die Traufe, denn kaum war die Einrichtung vollendet, so wurde ein Nebenhaus abgebrochen und umgebaut, und vor dem Krachen und Poltern mußte man abermals flüchten.«

Nach einigen Jahren als verantwortlicher Redakteur der demokratischen Zeitschrift *Beobachter* lebte Hermann Kurz (1813 bis 1873) wieder als freier Schriftsteller. Doch weder sein historischer Roman *Schillers Heimatjahre* noch *Der Sonnenwirt. Eine schwäbische Volksgeschichte* brachten ihm den gewünschten Erfolg, so dass er in diesen Stuttgarter Jahren begann, Werke der Weltliteratur zu übersetzen, später gab er gemeinsam mit Paul Heyse die mehrbändigen Reihen des *Deutschen Novellenschatz* und des *Novellenschatz des Auslandes* heraus.

Eine seiner noch heute lesenswerten Erzählungen *Die beiden Tubus* – ein satirisches Denkmal württembergischer Theologensozialisation – handelt unter anderem vom schwäbischen Landexamen, das die Lateinschüler zu absolvieren hatten, um in eines der evangelisch-theologischen Seminare aufgenommen zu werden. Hermann Kurz hat das Landexamen im Sommer 1827 am Gymnasium illustre in Stuttgart bestanden und kam nach Maulbronn, später ans Tübinger Stift. Einer Laufbahn als Pfarrer zog er jedoch das gleichfalls schwere Leben als freier Schriftsteller vor und auch später, als zweiter Unterbibliothekar in Tübingen, konnte er seine Familie kaum ernähren.

Alles Schöne aber liegt weit

Jean Paul

Vom 7. Juni bis 9. Juli 1819 weilte Jean Paul, eigentlich Legationsrat Johann Paul Friedrich Richter (1763–1825), in Stuttgart, und wir sind über seine Aktivitäten in diesen Sommerwochen durch Briefe an seine Ehefrau Karoline und den Freund Heinrich Voß gut informiert.

Zuerst stieg er samt seinem Pudel Ponto im »König von England« ab, der jedoch nicht nach seinem Geschmack war. Jean Paul wechselte in ein Privatquartier bei dem Kaufmann Mohr, »mit brauchbaren Möbeln und Aussicht und allem«. Ansonsten gefiel es ihm in Stuttgart nicht besonders, mit Ausnahme der Einfahrt von Cannstatt zwischen den Gärten und der Silberburg, das sei »die schönste Stelle. Alles Schöne liegt aber weit von Stuttgart«.

Die Menschen fand er hässlich, schlicht und anspruchslos, das Essen schmeckte ihm nicht, das hiesige Dinkelbrot verglich er mit getrocknetem Kleister oder Pappmaschee, und überhaupt würde

Die Silberburg. Kolorierter Stahlstich, um 1820.

man »aus den Thees gewöhnlich ohne Abendbrot heimgeschickt, das ich dann für einige Groschen im Gasthofe suchen muß«. Recht anspruchsvoll erscheint Jean Paul, der zu dieser Zeit ein gefeierter Dichter und mit seinen Werken recht bekannt war – »in jeder Gassenecke seh' ich den Rücken eines Verehrers stehen«.

Täglich war er in den angesehensten Stuttgarter Häusern zu Gast: bei Matthisson und Reinbeck, Hartmann und Beroldingen verkehrte er zum Diner oder Tee. Auch von der Redakteurin des *Morgenblatts*, Therese Huber, wurde er eingeladen und bei seinem Verleger Johann Friedrich Cotta: »Es war ein Thee, und zwar ein lumpiger; kein Tropfen Punsch.«

Vor allem besuchte er vormittags zum Arbeiten die Silberburg am Reinsburghügel, ein ehemaliges Thurn und Taxis'sches Lusthaus, das Gastwirt Lorenz Silber 1806 zu Gartenwirtschaft und Weinstube erweitert hatte. Ab 1836 war es für hundert Jahre im Besitz der Museumsgesellschaft, aber ein »öffentlicher Lustberg«, ein Ausflugslokal mit Musik, Tanz und Feuerwerk.

Rückblickend befand Jean Paul: »Stuttgart wurde mir je länger je lieber. Die guten Menschen da können nichts für die Nässe und Gluth, die mir und ihnen so vieles verdarben.«

Hermannstraße 11 ●**54**

Die Akten des Vogelsangs

Wilhelm Raabe

»Für mich als Schriftsteller wie als Mensch könnte ich jetzt in ganz Deutschland keinen besseren Aufenthaltsort finden«, schrieb Wilhelm Raabe (1831–1910) im Herbst 1863 aus Stuttgart an seine Mutter in Wolfenbüttel. Da lebte der junge Schriftsteller mit seiner frisch angetrauten Ehefrau Bertha Leiste bereits ein gutes Jahr in der württembergischen Residenzstadt. Nach einigen Tagen Hotelunterkunft im »König von Württemberg«, denn der Schreiner hatte (man kolportiert aus Misstrauen gegenüber den

Norddeutschen) die bestellten Möbel nicht rechtzeitig geliefert, wohnte das Paar zunächst in der Gymnasiumstraße, ab Mai 1864 in der Hermannstraße 11, dritter Stock.

Begeistert berichtete er seiner Mutter und legte zur Illustration eine Bleistiftzeichnung bei: »Unsere jetzige Wohnung läßt nach meinen Begriffen wenig zu wünschen übrig, und ich hoffe, daß wir recht lange

Raabes Arbeitszimmer. Eigenhändige Federzeichnung, 1864.

und glücklich in derselben wohnen werden. Die Zimmer sind groß, freundlich und wohlerhalten … Die Aussicht ist wunderschön; wir übersehen einen Theil der Stadt, viele Gärten und die ganze Bergreihe bis zum Neckar (Letztern sehen wir freilich nicht.) … Augenblicklich sind wir ganz von blühenden Obstbäumen umgeben.«

In diesem noch existierenden (und mit einer Tafel versehenen) Haus an der Ecke Augustenstraße blieb die Familie Raabe für die Dauer ihres Stuttgarter Aufenthalts wohnen. Sommers hatte man es nicht weit zur Silberburg, im Winter konnte man auf dem Feuersee Schlittschuh laufen. Zahlreiche Spaziergänge führten Wilhelm Raabe auf den Hasenberg hinauf oder hinunter zum Vogelsang. Der später trockengelegte Weiher in diesem Tal lebt in der Literatur fort: Die Gegend »unter dem Osterberge« bildet einen Schauplatz seines Romans *Die Akten des Vogelsangs*.

Raabe hatte Stuttgart bei früheren Besuchen kennen gelernt und beschlossen, seine Schriftstellerexistenz in diesem literarischen Zentrum zu erproben; hier konnte er Verbindungen zu Zeitschriften und Verlagen nutzen, die politisch und gesellschaftlich freiere Luft Südwestdeutschlands atmen, er wurde auch Mitglied der Künstlergesellschaft »Das Strahlende Bergwerk«. Seinen beiden in Stuttgart geborenen Töchtern wollte er jedoch eine norddeutsche Erziehung angedeihen lassen und zog mit der Familie im Juli 1870 nach Braunschweig.

Außer Riesling alles minderwertig

Arthur Rimbaud

R imbaud in Stuttgart – da fängt die Fantasie heftig zu blühen
an und unglaubliche Legenden werden gesponnen: von üppi-
gem Weingenuss und Schlägereien mit Paul Verlaine, entweder am
Neckarufer oder auf der Waldhöhe in Degerloch oder mitten auf
der Hauptstätter Straße.

Der zwanzigjährige Dichter Arthur Rimbaud (1854–1891), mit
seinem Band *Das trunkene Schiff* ein Wegbereiter der modernen Lyrik, verbrachte zwei Monate in Stuttgart, um Deutsch zu lernen – so
viel steht an spärlichen Fakten fest. Heftigen Streit zwischen den
Geliebten hatte es schon zwei Jahre zuvor in Brüssel gegeben: Verlaine hatte Rimbaud angeschossen und musste dafür in Haft.

Zwei Briefe Rimbauds vom Februar und März 1875 mit Stuttgarter Absender sind überliefert, einer an den Freund Ernest De-
lahaye, dem die Ankunft von Verlaine und Folgendes mitgeteilt
wurde: »Ich habe nur noch eine Woche Wagner und ich bedaure
der Geld, der Haß bezahlt, die ganze Zeit für die Katz. Ab 15. habe
ich irgendwo eine Ein freundliches Zimmer, und ich prügle die
Sprache durch wie wahnsinnig, so und so daß ich in höchstens

Arthur Rimbaud. Federzeichnung von Paul Verlaine, 1875.

zwei Monaten fertig bin. Alles ist ziemlich minderwertig hier – eine Ausnahme: Riessling, von dem isch ein Klas davon im Ahngesicht der hügel leere, die ihn sur Welt 'aben komen sehn, auf Deine ungetümliche Gesundheit. Es sonnt und friert, zum braun ärgern.«

Die wenig komfortable Unterkunft lag in der Hasenbergsteige 10 (damals Hausnummer 7), Rimbaud war dort Untermieter in der Wohnung von Ernst Rudolf Wagner, Pfarrer im Ruhestand. Nach dessen Tod überließ die Witwe zwei Dachzimmer übrigens Henry Dunant, dem Gründer des Roten Kreuzes und Autor der *Erinnerung an Solferino*, die Wagner ins Deutsche übersetzt hatte.

Der zweite Brief an die Familie nennt eine neue Adresse – »2, Marien Straße, 3 tr.« – und beschreibt die Unterkunft: »Ich habe hier ein sehr großes Zimmer, sehr gut möbliert, in der Stadtmitte, für zehn Florint.« Allerdings wird man wohl nie mehr klären können, warum Arthur Rimbaud richtig Deutsch lernen wollte und dazu nach Stuttgart kam, ob er während seines Aufenthalts noch an den *Illuminations* arbeitete oder hier schon das Schreiben eingestellt hatte (um sein letztes Lebensjahrzehnt als Kaufmann in Afrika zu verbringen), geschweige denn den Schauplatz des blutigen Streits, der »Neckarschlacht«, ermitteln – wenn es die außer in der Vorstellung einiger Biografen überhaupt gab.

Blauer Weg – Hasenbergsteige 51

Der Weg ins Freie

Hanns-Josef Ortheil

Seit einigen Jahren wohne ich in einem Versteck, in einem kleinen Gartenhaus aus roten Ziegelsteinen, jetzt im Sommer umgeben von einer dichten Wildnis aus Grün.« Mit dieser idyllischen Beschreibung eröffnet Hanns-Josef Ortheil (Jahrgang 1951) sein Buch *Blauer Weg*. Wer ihn dort besuchen möchte, heißt es weiter, muss einen schmalen, sich über dem Tal hinwindenden Fußweg nehmen. »Es ist ein verborgener, paradiesischer Weg, von dem man

Stäffele zum Blauen Weg.

sagt, daß er geradewegs ins Blau führt, ins Blau der Ferne, des Meeres oder des Südens.«

Die Züge, die vom Stuttgarter Bahnhof über den Westen der Stadt auf der Gäubahntrasse hier vorbeikommen, fahren in Richtung Schwarzwald tatsächlich nach Süden, bis Singen oder sogar Zürich.

Der Blaue Weg selbst ist seit einigen Jahren Teil eines Rundwanderwegs mit dem Namen »Blaustrümpflerweg«, benannt nach den Heslachern, die nach einer Sage aus Herzog Ulrichs Zeit wegen eines Vergehens blaue Strümpfe tragen mussten. Für Wanderer und Spaziergänger ist es ein reines Vergnügen, sich in dieser alten Kulturlandschaft zwischen Weingärten und Streuobstwiesen oberhalb Heslachs und mit entsprechend beeindruckenden Ausblicken fortzubewegen.

Ortheils 1996 erstmals erschienenes literarisches Tagebuch *Blauer Weg*, ein Panorama aus Stimmungsbildern, Geschichten, persönlichen und zeitgeschichtlichen Reflexionen, hat er für die Neuausgabe jüngst um einen autobiografischen Essay ergänzt, in dem er dem Stuttgarter Garten explizit die Funktion eines Schutzraumes zuweist, von dem aus er den Weg ins Öffentliche und Weite nehmen konnte.

Die kluge Goethespezialistin Effi Biedrzynski hat Ähnliches in ihrer Laudatio formuliert, als Ortheil 1988 der Stuttgarter Literaturpreis zuerkannt wurde: Wie manche seiner Romanfiguren habe auch er eine »Skepsis allen Institutionen gegenüber, auch er desertiert, weil er hofft, den Weg ins Freie zu finden, über eine Galerie

Westen

von Wortfetzen hinweg eine Sprache zu finden, die das Spiegelbild seiner Seele sein könnte«.

Seit 1990 lehrt Ortheil kreatives Schreiben und Gegenwartsliteratur an der Universität Hildesheim, wo er den Studiengang und das Institut mitgründete. Und seit Eröffnung des Stuttgarter Literaturhauses hat er dort einen festen Platz mit seinen Veranstaltungsreihen »Spätlese« und »Ortheils Monologe«.

Pauluskirchplatz – Herweghstraße 1

Erschd wenn schdirbsch kabiersch s Leba

Helmut Pfisterer

Einen »Kirchenvorplatz im milden Stuttgarter Westen«, ein leeres Plätzchen, »aber voller Leben in seinem Kopf«, erfüllt vom Amselruf in der Früh, mit Bierbänken auf dem Bogenpflaster bei fröhlichen Festen – den Pauluskirchenvorplatz hat Helmut Pfisterer in seinem nachgelassenen Text *Der Pascha sitzt in seinem Ausguck und schaut ein Plätzchen* verewigt. Viele Jahre wohnte er in der Herweghstraße 1 im zweiten Stock und sah von seinem Balkon hinab auf das Treiben, das er liebevoll-bissig und pointiert beschreibt. Besonders überraschend: Der Mundartdichter verfasste sein letztes Werk auf Hochdeutsch.

In Leonberg geboren, war Pfisterer (1931–2010) zunächst Feinmechaniker und Ingenieur, dann Berufsschullehrer im Iran und Afghanistan,

Helmut Pfisterer.

wo er Geschichten sammelte und seine Liebe zur eigenen Mundart, der »Weltsprache Schwäbisch«, entdeckte. Seither schrieb er parallel zu seiner Tätigkeit als Oberstudienrat in Stuttgart. Ein Genuss waren seine öffentlichen Auftritte, bei denen man schmunzeln oder Tränen lachen konnte, aber auch im privaten Gespräch wurden – nach kurzem oder längerem, gemächlichen Überlegen hervorgebracht – viele seiner Formulierungen zum perfekten Aphorismus.

Längst aus dem Schatten von Sebastian Blau oder Thaddäus Troll herausgetreten, hat Helmut Pfisterer sich mit dem Schwäbischen, dessen Dialektik, Subtilität und sprachlichen Doppelbödigkeiten beschäftigt; zahlreiche Bücher, Hörspiele und Szenen hat er veröffentlicht, die vielfach bescheiden als »Festvers« oder »Brauchvers« daherkommen, aber keineswegs Anlassgedichte, sondern köstliche Sprachspielereien oder nachdenkliche, aus Lebenserfahrung gespeiste Texte enthalten, immer changierend zwischen Witz – »En Himmel soll i? En mei Hos will i nei!« und Weisheit: »Erschd wenn schdirbsch kabiersch s Leba.«

So sehr Helmut Pfisterer dem Leben, einem prallen, sinnlichen, fröhlichen Leben zugetan war, wusste er doch um sein Ende; zugleich Vitalität und Lebensfreude zu preisen und das Alter mit seinen »Gebresten« nicht zu verschweigen, sich zärtlich der Kindheit zu erinnern und ironisch die Grablegung vorzustellen – das war seine große Kunst.

Hölderlinstraße 57

Ein Schwabe ist er einst gewesen

Fred Uhlman

»Der Stadt Stuttgart. Trotz allem«, schrieb Fred Uhlman (1901–1985) in ein Exemplar seiner 1960 erschienenen Erinnerungen *The Making of an Englishman. Erinnerungen eines deutschen Juden*, die er seiner Heimatstadt widmete. Eine Hommage an Stuttgart findet sich in seiner späteren Erzählung *Reunion*, die

1971 in London publiziert wurde, dann 1985 in deutscher Übersetzung unter dem Titel *Mit neuem Namen* herauskam und inzwischen als *Der wiedergefundene Freund* ein Erfolgstitel geworden ist.

Fred Uhlman in seinem Londoner Atelier, um 1965.

»Mein Elternhaus«, heißt es darin, »eine einfache Villa aus örtlichem Werkstein, stand in einem kleinen Garten mit Kirsch- und Apfelbäumen in der Höhenlage Stuttgarts. Hier wohnten die wohlhabenden oder reichen Bürger dieser Stadt, einer der schönsten und blühendsten Städte Deutschlands. Von Hügeln und Weinhängen umgeben, liegt sie in einem so engen Talkessel …«, und so schwärmt der Autor weiter von den Blicken und dem Essen und dem reichen Geisteserbe.

Aufgewachsen ist Fred Uhlman in der Hölderlinstraße 57, besuchte das Eberhard-Ludwigs-Gymnasium, beendete sein Studium des Zivil- und Kirchenrechts in Tübingen und ließ sich 1927 als Rechtsanwalt in der Archivstraße 12 nieder. Er war Mitglied der SPD und mit Kurt Schumacher bekannt, auf dessen Wunsch er noch Ende Februar 1933 politische Wahlveranstaltungen abhielt. Einen Monat später erhielt er den unmissverständlichen Rat, ins Exil zu fliehen. Uhlman ging nach Paris, machte sein Hobby zum Beruf und wurde ein anerkannter Maler. Bei einem Aufenthalt in Spanien lernte er seine spätere Frau Diana Croft kennen und zog mit ihr nach England. In ihrem Londoner Haus trafen sich exilierte Künstler wie John Heartfield und politische Flüchtlinge.

Seinen größten, auch internationalen Erfolg hatte Uhlman aber als Schriftsteller mit der erwähnten Novelle, in deren Zentrum eine

Knabenfreundschaft zwischen Hans Schwarz und Konradin von Hohenfels steht, Letzterer (dessen Vorbild Claus Schenk Graf von Stauffenberg ist) wird später als Hitler-Attentäter hingerichtet.

In seine Heimatstadt Stuttgart reiste Fred Uhlman nach dem Zweiten Weltkrieg mehrmals, er konnte seine Bilder im Kunsthaus Schaller ausstellen und im März 1985 noch kurz vor seinem Tod das Buch präsentieren. Für seine von den Nationalsozialisten deportierten Angehörigen wurden inzwischen Stolpersteine verlegt.

Zeppelinstraße 43

Kunst ist Waffe!

Friedrich Wolf

Wegen der Arbeit an seinem medizinischen Hauptwerk *Die Natur als Arzt und Helfer* war Friedrich Wolf (1888–1953) mit seiner Familie 1927 von Hechingen nach Stuttgart gekommen, wo sie zunächst im Gebäude der Deutschen Verlags-Anstalt in der Neckarstraße wohnten. Er wäre gerne in die eben errichtete Weißenhofsiedlung gezogen, ließ sich aber, weil sich die Vergabe hinzog, von einem der dortigen Architekten, Richard Döcker, in der Zeppelinstraße 43 unterhalb der Blindenanstalt ein Haus nach gesundheitsfreundlichen Kriterien bauen. Darin war auch seine Praxis für Naturheilkunde und Homöopathie untergebracht.

In seinen fünf Stuttgarter Jahren kandidierte Wolf auf der KPD-Liste für den Gemeinderat, hielt Vorträge über Gesundheit und Kommunismus, gründete mit dem Impetus »Kunst ist Waffe!« die Agitpropbühne »Spieltrupp Südwest«, schrieb Hörspiele und Zeitstücke wie *Cyankali,* das skandalträchtige Drama zum Paragraphen 218; es thematisierte das Problem Abtreibung, das Wolf als Arzt sehr beschäftigte und ihm wegen unerlaubter Schwangerschaftsabbrüche einen Gefängnisaufenthalt eintrug.

Nach dem Reichstagsbrand entging er der drohenden Verhaftung durch Flucht, das Haus wurde versteigert und die zwangsweise Enteignung nach dem Krieg nicht mehr rückgängig gemacht. Ob Wolf andernfalls Berlin gegen Stuttgart eingetauscht hätte? »Ich möchte ja sehr gerne wieder einmal droben am Kräherwald wohnen. Es war eine unvorstellbar schöne (heute schon prähistorische) Zeit«, schrieb er später.

Friedrich Wolf.

1946 weilte er zur Erstaufführung seines *Professor Mamlock* im Staatstheater und hielt im Furtbachhaus eine eindringliche Rede über den »Mut zum Leben«, die ihm zur Liebeserklärung geriet: »Mich selbst zieht es mit magischer Kraft wieder nach Stuttgart, die Schwaben sind Hartschädel, aber Menschen, mit einem tiefen Sinn für Gerechtigkeit, für menschliche Anständigkeit, für wahren Mut und für Treue im besten Sinn! Hier in Schwaben kann der Staat vom Menschen her aufgebaut werden, auf der Grundlage eines persönlichen Vertrauensverhältnisses von Mensch zu Mensch, mit dem Streben nach Freiheit und nach Glück.«

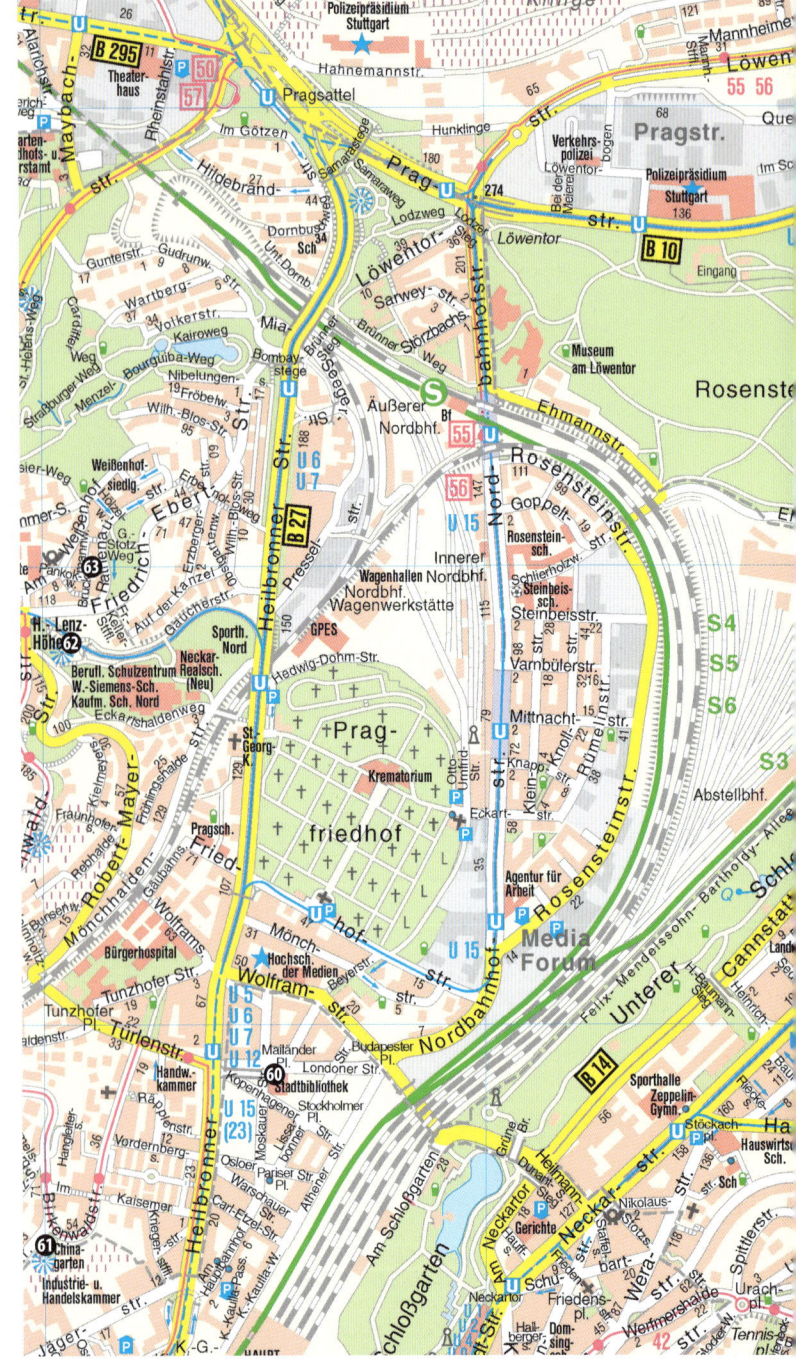

Gesamtkunstwerkforscher

Reinhard Döhl

Er hat sich in Stuttgart nicht wirklich zu Hause gefühlt und wollte hier nicht einmal begraben werden. Dennoch hat Reinhard Döhl (1934–2004) viel für die Stuttgarter Literaturszene geleistet und das über Jahrzehnte. Begonnen hat seine Karriere 1959 in Göttingen, als er seine *Missa profana* veröffentlichte, die zu heftigen Debatten um Blasphemie und Kunstfreiheit führte, bis hin zum ihn freisprechenden Bundesgerichtshof. In den Jahren danach arbeitete Döhl als Professor für Germanistik und Spezialist für Hörspiel an der Universität Stuttgart, beschäftigte sich mit Jean Arp und Gertrude Stein, zählte zur »Stuttgarter Gruppe« (wie er sie statt »Schule« nannte) um Max Bense, produzierte Collagen und Texte, die der Konkreten Poesie zugeordnet werden – eines seiner berühmtesten Werke, in jedem Lesebuch enthalten, ist der Apfel mit dem Wurm.

1985 präsentierte er in der Buchhandlung Niedlich seine von dem Künstler Wolfgang Ehehalt illustrierten *Ansichtssachen und Klerri-juhs aus der Stuttgarter Versschule*, bestehend aus dreizehn Texten zu regionalen Spezialitäten und knapp über hundert Vierzeilern zu hiesigen Persönlichkeiten der Kultur, von Johannes Reuchlin und Ulrich von Hutten bis Friederike Roth und Zsuzsanna Gahse. Sein eigener Vierzeiler lautet: »Reinhard Döhl / Verwandte in Waldbröl / denkt bei Schweinebauer und Wäscherin / manchmal noch an Wekhrlin.«

Damit spielt er en passant auf seinen Wohnort in Botnang an, wo einst Wäsche gewaschen und gebleicht wurde, und auch auf den vergessenen, dort 1739 geborenen Satiriker und Aufklärer Wilhelm Wekhrlin. Daneben war Döhl einer der Ersten in Stuttgart, die sich für Netzliteratur interessierten und in der Stadtbücherei im Wilhelmspalais zusammen mit Johannes Auer internationale Internetprojekte realisierte – »Gesamtkunstwerkforscher« ist vielleicht die Bezeichnung, die seine vielfältigen Interessen am besten trifft. Die Eröffnung der Stadtbibliothek am Mailänder Platz hat er nicht mehr erlebt, aber sein Geist ist im Galeriesaal sehr präsent.

Der Stern von Stuttgart

Heinrich Steinfest

Seit Ende der 1990er-Jahre lebt der 1961 in Australien geborene Wiener Maler und Schriftsteller Heinrich Steinfest vorwiegend in Stuttgart. Und seit seinem 2001 erschienenen Kriminalroman *Der Mann, der den Flug der Kugel kreuzte* ist Stuttgart immer wieder Schauplatz seiner Bücher – besser: zahlreiche Orte der Stadt zwischen Bahnhof und Fernsehturm, dem Gefängnis in Stammheim und dem Mineralbad Berg. Einer der schönsten ist der Chinesische Garten, der 1993 als Nationengarten für die Internationale Gartenbauausstellung geschaffen und danach in einem Grundstück an der Ecke Panorama- / Birkenwaldstraße wieder aufgebaut wurde, mit Halle der Freundschaft, Aussichtspavillon, Teich und Wasserfall.

In diese ihn regelrecht entzückende Oase flieht – da unverschuldet als Zeuge eines Verbrechens in die Kriminalgeschichte verwickelt – einer der beiden Protagonisten, der in Stuttgart verheiratete Auslandswiener Szirba. »Im Sommer mochte hier einiges los sein. Jetzt aber war ich der einzige Besucher, setzte mich auf eine Bank und schaute hinunter auf die City, die unter dem niedrigen bedeckten Himmel leblos wirkte. Selbst die Kakophonie klang hier oben schwächlich.«

Tor zum Chinesischen Garten.

Szirba blickt hinüber zum Bahnhofsturm, der die Gestalt eines Bergfrieds besaß, betrachtet den gewaltigen, sich seit 1953 dort oben drehenden Mercedesstern, der ihm in der Nacht beleuchtet geradezu hübsch dünkt. Er reflektiert über dieses Wahrzeichen der Autostadt ebenso wie über die Bedeutung dieses »Sterns von Stuttgart« (so lautete der Arbeitstitel des Krimis) für die Bewohner der Stadt als ihren inneren, im Bereich des Herzens positionierten Leitstern.

Anderthalb Dutzend Jahre und beinahe ebenso viele Bücher später – darunter einige mit dem Helden Cheng, einem einarmigen Wiener Chinesen – ist Heinrich Steinfest in der baden-württembergischen Hauptstadt tief verwurzelt. So stark jedenfalls, dass die Hassliebe seiner Figuren gegenüber Wien größer ist als die gegenüber Stuttgart. Und die Bewegung gegen das Bahnprojekt Stuttgart 21 für den Schriftsteller zum Synonym dafür wurde, dass die Freiheit immer vom Kopf ausgeht.

Birkenwaldstraße / Hermann-Lenz-Höhe **62**

Vor deiner Haut beginnt die Fremde

Hermann Lenz

In den Romanen und Essays von Hermann Lenz (1913–1998) erfahren Leser viel über Stuttgart, nicht nur über den Stadtteil zwischen Killesberg und Feuerbach. Er selbst lebte und arbeitete ein halbes Jahrhundert im elterlichen Haus in der Birkenwaldstraße 203. Dann wurde es verkauft und der Schriftsteller zog nach München, voll wehmütiger *Erinnerung an Stuttgart*:

»Dort hat es mir gefallen. Einundfünfzig Jahre lang
Hab ich in Stuttgart leben dürfen. Das genügt
Sagen die Leute, und das Schicksal denkt
Wahrscheinlich wie die Leute, weil es sonst
Mich nicht vertrieben hätte aus der Heimat.«

Hermann Lenz arbeitete nach der Rückkehr aus der Kriegsgefangenschaft von 1949 bis 1957 als Sekretär des Stuttgarter Kulturvereins und von 1951 bis 1971 für den Süddeutschen Schriftstellerverband. In seinen autobiografischen Romanen um den Protagonisten Eugen Rapp (*Andere Tage, Tagebuch vom Überleben und Leben*) nimmt Stuttgart einen besonderen Platz ein; daneben erwies er seiner Heimatstadt mit seinen *Spaziergängen* für die Zeitschrift *Stuttgarter Leben* vielfache Referenz: Kaum eine Straße, ein Platz oder Brunnen, die der Flaneur nicht beschreibt, er erzählt außerdem Lebensgeschichten von »Sternen der Bürgerschaft«, immer wieder von Mörike und von Spezialitäten, wie er die Bauwerke vom Alten Schloss bis zur Liederhalle nennt.

Die Entdeckung dieses stillen Schriftstellers für die deutsche Literaturszene geschah durch ein großes Porträt, das Peter Handke ihm 1973 in der *Zeit* widmete, seither besitzt das Werk von Hermann Lenz einen gewissen Kultstatus.

Drei Jahre nach seinem Tod 1998 wurde die Grünanlage bei der Kunstakademie nach ihm benannt und eine Platte mit dem Zitat »Vor deiner Haut beginnt die Fremde« angebracht. Die Aussicht von dort oben hat Lenz geschildert: »Die Stadt erschien nahegerückt und war scharf zu sehen, aber wie fremdartig. Dick stand der Gaskessel in der Ferne, und hinter ihm ragte ein Schlot. Weit draußen lag da und dort ein Dorf. Drüben beim Rotenberg, der

Hermann und Hanne Lenz in der Dachstube, 1956.

Wirtenberg hätte heißen sollen, weil er früher so geheißen hatte und das Land Württemberg nach ihm benannt war, funkelte ein Fenster über der Grabkapelle, diesem Rundbau mit den Säulen. Häuser glänzten auf einem Hügel, und in der Nähe wurden die Weinberge grün.«

Greischschewahn

Kurt Schwitters

D ie fundamental neue Ästhetik der Weißenhofsiedlung, die inzwischen als Ensemble unter Denkmalschutz gestellt ist, gilt weit über Deutschland hinaus als Symbol für neues Bauen. Die kubenförmigen, weißen Flachdachhäuser von international bekannten Architekten wie Le Corbusier, Mies van der Rohe, Walter Gropius, Peter Behrens, Hans Scharoun und anderen forderten Journalisten und Künstler zu kontroversen Stellungnahmen heraus und provozierten Kampagnen gegen die – wie es hieß – »Vorstadt Jerusalems« oder das »Araberdorf«.

Kurt Schwitters (1887–1948) besichtigte im Sommer 1927 die neu eröffnete Werkbund-Ausstellung »Die Wohnung«, inspirierte mit kritischem Blick Haus für Haus und kommentierte für die *Internationale Revue – i 10* in Amsterdam: »Mies van der Rohe vereinigt Geist der Zeit und Format. Format bedeutet Qualität der Anschauung. Da kann ein kleines Ding oft Format haben. Und dabei ist das Haus von Mies van der Rohe groß, das größte der ganzen Siedlung. Und innen wirkt es riesig durch die bis zur Decke hochgezogenen Türen. Ich kann mir nicht denken, daß man durch diese Türen einfach gehen soll, sondern man schreitet hindurch. Große, edle Gestalten schreiten durch die Türen voll neuen Geistes. Hoffentlich wenigstens. Es kann vorkommen, daß nachher die Einwohner nicht so reif und frei sind wie ihre eigenen Türen. Aber hoffen wir, daß das Haus sie adelt.«

Die Weißenhofsiedlung, Ende der 1920er-Jahre.

Nebenbei analysierte der Hannoveraner Merz-Künstler und Dichter die Mentalität der Württemberger – für ihn unter dem Stichwort »Greischschewahn« (Größenwahn) zu subsumieren – und riet dem Ullstein Verlag, zu der Ausstellung ein Buch »1000 Worte Schwäbisch« herauszugeben, »es würde den Genuß erhöhen und das Verständnis erleichtern«.

Kurt Schwitters kam mindestens noch einmal nach Stuttgart, um am 5. Mai 1932 vor der Reichs-Rundfunk-Gesellschaft (zu der die Süddeutsche Rundfunk AG gehörte) seine Gedichte *An Anna Blume* und die *Ursonate,* beginnend mit den bekannten Lauten »Fümms bö wö tää zää Uu«, aufzunehmen.

Ostheim

Das Stadtviertel als Romanheld

Manfred Esser

»Dieses Buch führt die Landeshauptstadt auf einem Feld der Literatur ein, auf dem dichterische Giganten wie Alfred Döblin und James Joyce mit ihren Stadtbeschreibungen von Berlin und Dublin Maßstäbe gesetzt haben.« So lobten die *Stuttgarter*

Nachrichten bei Erscheinen den *Ostend-Roman* von Manfred Esser (1938–1995), rückten Stuttgart als literarischen Schauplatz damit in die Reihe der Weltstädte und Essers Buch neben *Ulysses* und *Berlin Alexanderplatz*. Das ist schon wegen der Erzähltechnik mit Collage und Montage nicht ganz falsch, zudem spielt es während nur zweier Tage, steckt jedoch voller Rückblenden in die Geschichte.

Der *Spiegel* brachte eine lange Hymne mit vielen Fotos und in der *Zeit* schrieb der Kollege Günter Herburger eine jubelnde Besprechung. Der 1978 im März Verlag erschienene Roman, der fünf Jahre später bei Klett-Cotta neu veröffentlicht wurde, umkreist Ostheim, das Viertel am Gaskessel, und bildet die sozialen Facetten dieses Stadtteils ab. Entstanden war das Quartier Ende des 19. Jahrhunderts als Arbeitersiedlung und es hat seine ursprüngliche Substanz lange bewahrt.

Esser zeichnet keine Idylle, sondern ein Szenario bundesrepublikanischer Wirklichkeit, wo Alteingesessene mit eigenem Weinberg neben den ausländischen Arbeitern – angelockt von Daimler-Benz auf der anderen Neckarseite – leben, Menschen aus dem Prekariat neben Gewerkschaftern und Intellektuellen.

Als Hörspieldramaturg beim SDR kam Manfred (Mac) Esser, der Philosophie und Sprachen in Bonn, Dublin und Freiburg studiert hatte, 1962 nach Stuttgart. Seine frühe Faszination für Martin Heidegger ging schnell in ein großes Interesse an der Sprach-Analytik von Max Bense über; schon im Jahr 1963 schrieb Esser zusammen mit dem Literaturwissenschaftler Reinhard Döhl das Manifest der »Stuttgarter Schule«. Gemeinsam mit den Dichtern Hans-Peter Breuer, Helmut Mader und Elmar Podlech sowie dem »Programmierer« (so hieß

Umschlag der Erstausgabe im März Verlag, Frankfurt a. M. 1978.

das damals) Wolfgang Kiwus bildete er den SKKB, den sozialistisch-katholischen Künstler-Bund, dessen vier Mitglieder für »ausgefuchste Kunstanschläge« und Provokation als Mittel der Politik plädierten. Dazu passt es, wenn Esser sagt, er habe den *Ostend-Roman* »wenn nicht schon direkt für die Arbeiter, so doch im Interesse der Arbeiterklasse« geschrieben. Er wurde dafür verdientermaßen 1981 als Erster mit dem Thaddäus-Troll-Preis ausgezeichnet.

Stuttgartheiß

Alfred Andersch

Er hatte es gerne gepflegt bis nobel, war »einer, der im Grunde seines Herzens zu den Smoking=Kulturen tendiert«, urteilte Arno Schmidt, der wie Wolfgang Koeppen von dem Magneten Alfred Andersch (1914–1980) in den Süden gezogen worden war. Im März 1955 hatte Andersch einen Zweijahresvertrag mit dem SDR geschlossen, um die Redaktion »Radio-Essay« aufzubauen: monatlich ein großes Feature, ein wöchentliches Nachtprogramm und die Rezensionsreihe »Ein Buch und eine Meinung«. Der Erfolg, den Andersch mit der Zeitschrift *Texte und Zeichen* erlebte, wurde ihm auch im Falle des »Radio-Essay« zuteil. Seine Absicht, nach der langen kulturellen Isolierung Deutschlands während der Zeit des Nationalsozialismus nun endlich den geistigen Nachholbedarf durch die Präsentation des Denkens und der Literatur zu befriedigen, erfüllte sich, und es gelang ihm, die deutsche Literatur zum Ausland zu öffnen und an die internationale Kunstdebatte anzuschließen. Neben vielen anderen hat Andersch auch Samuel Beckett für das deutsche Publikum entdeckt.

Im ersten Stock eines Holzhauses auf dem Hof des Süddeutschen Rundfunks in der Neckarstraße 145 bezog er einen Büroraum, mit der Fensterfront zum Hof. Das Arbeitszimmer ließ sich Andersch zur Überraschung der Rundfunkbeamten nach seinen

Das Stuttgarter Funkhaus, um 1956.

Wünschen einrichten: mit einer großen Arbeitsplatte und Sitzmöbeln im Bauhaus-Design.

Ende August 1955 zog er mit seiner Familie in ein Haus am Killesberg, Grünewaldstraße 34. Sein Arbeitszimmer unterm Dach hatte einen schönen Ausblick auf das Feuerbacher Tal. Trotzdem war ihm Stuttgart – »eine lockere Streusiedlung, von jenem Volksstamm bewohnt, der sich selbst in zwei Kategorien aufteilt: grob und saugrob« –, noch mehr aber Deutschland, dieses von Adenauer und Alt-Nazis beherrschte Land, auf die Dauer kein Ort zum Leben. Er mutmaßte: »Die Deutschen sind wieder im Vormarsch (›der Tod ist ein Meister aus Deutschland‹).«

Als die *Stuttgarter Zeitung* dann noch die Ausstellung mit Bildern seiner Frau Gisela verriss, witterte Andersch ein Komplott der Stuttgarter Spießer gegen ihn und Max Bense, der zur Vernissage gesprochen hatte. 1958 fand der endgültige Umzug von Alfred Andersch in das schweizerische Berzona statt.

In Stuttgart waren neben seiner Brotarbeit immerhin entstanden: der Roman *Sansibar oder Der letzte Grund*, die Essaysammlung *Geister und Leute* und das Hörspiel *Fahrerflucht*, in dem ein Unfall an der Autobahnausfahrt Stuttgart Nord passiert, bei typischem Klima: »Sechs Uhr morgens / Schon heiß / Stuttgartheiß / Weiße Stuttgarter Hitzebrühe.«

Sprachexperimente

Helmut Heißenbüttel

A lles, was ich geschrieben habe, ist hier entstanden, ist gefärbt von hier. Für mich ist Stuttgart zum Beispiel eine Spaziergehstadt, schon immer gewesen.« Diese Charakterisierung hat Helmut Heißenbüttel (1921–1996) in ein Gedicht *Spaziergang in Stuttgart* und einen Essay über seine *Eindrücke und Einsichten* gefasst, in denen er der oft so schwärmerisch geschilderten Topografie ganz eigene Facetten abgewinnt.

Auf Einladung von Alfred Andersch kam Heißenbüttel 1957 aus Hamburg nach Stuttgart und übernahm im Jahr darauf dessen Nachfolge in der Redaktion »Radio-Essay« des Süddeutschen Rundfunks. Dieser »Extrabrocken« für Intellektuelle bot ein innovatives Abend- und Spätprogramm, das sich vor allem in den ersten Jahren der internationalen Moderne widmete, die von den Nationalsozialisten verdrängt und totgeschwiegen worden war.

Sein eigenes Schreiben war – inspiriert durch Ludwig Wittgenstein und Gertrude Stein – der sprachexperimentierende Versuch einer Selbstverständigung, ein offener Prozess, der immer vorläufig, nie abgeschlossen ist. Konventionen und Redeformen entlarvte Heißenbüttel ebenso, wie er mit Gattungen spielte, oder – wie es in der Begründung für den Georg-Büchner-Preis 1969 hieß:

Helmut Heißenbüttel in seinem Büro im Funkhaus, 1979.

»Er hat bisher ungenutztes Vermögen der Sprache aufgespürt und mit poetischer Folgerichtigkeit in seinem Werk festgehalten.«

Der Großteil seines Œuvres, von den *Textbüchern* über die *Projekte* bis hin zu den späten *Herbsten,* erschien bei Klett-Cotta, ebenso die Halbjahresschrift für Literatur *Hermannstraße 14,* benannt nach dem dort gelegenen Verlagssitz.

Warum Heißenbüttel, der den Eindruck erweckte, er lebe nicht ungern in Stuttgart (genauer: in Botnang), obwohl er immer sagte, ihn hielten nur Berufsgründe, warum er also mit Erreichen des Ruhestands Stuttgart sofort in Richtung Norden verlassen hat? Sein Verleger Michael Klett vermutet, es habe mit mangelnder Wahrnehmung durch die Regierenden und Mächtigen zu tun gehabt, die seiner Leistung zu wenig Respekt zollten. Oder lag es daran, weil sich der Kreis lebendiger Geister, die man gern – wie Jahrzehnte zuvor die Architekten-Szene – als »Stuttgarter Schule« bezeichnete, aufzulösen begann?

Neckarstraße – Süddeutscher Rundfunk

Hier war schon früher nichts los

Samuel Beckett

Samuel Beckett (1906–1989) kam zwischen 1966 und 1986 insgesamt sechsmal nach Stuttgart, um in der Reihe »Der Autor als Regisseur« beim damaligen Süddeutschen Rundfunk Fernsehproduktionen zu realisieren. Seine »crazy TV inventions« trugen Titel wie *He, Joe, Geister-Trio* oder *Quadrat 1 & 2.*

Diese experimentellen Filmkunstwerke nutzten bereits die Möglichkeiten der neuen Videotechnik.

Untergebracht wurde Beckett immer im Parkhotel am Rundfunk und ging dann natürlich die Neckarstraße entlang, in der auch sein Stammlokal lag, die längst nicht mehr existierende »Neckarklause«.

1977, im Jahr der Bundesgartenschau, inszenierte er für den SDR ... *nur noch Gewölk* ... und nutzte die Drehpausen, um im

Samuel Beckett bei der Produktion seines Fernsehstücks He, Joe, 1966.

gegenüberliegenden Park spazieren zu gehen, wegen der Bäume, denn Blumen hasste er. In dieser Zeit ereignete sich die von Werner Spies, der ihn nach Stuttgart gebracht hatte, überlieferte und später von Journalisten ausgeschmückte Episode: Bei seinen Spaziergängen fiel Beckett der Frau in einem Kassenhäuschen auf, und irgendwann sprach sie ihn an, er sei doch ein alter Mann und bestimmt schon Rentner und würde Ermäßigung kriegen. So erhielt Beckett eine Dauerkarte für die Gartenschau, auf der deutlich stand: »Rentner Beckett.«

Für den Sommer 1985 war die Produktion von *Was wo*, eine Art Endspiel nach dem Ende, angesetzt. Wie immer verliefen die Abende heiter, das Team saß im Restaurant des Parkhotels, bei Forelle und Riesling besprach man die Arbeit – und Beckett rezitierte lustvoll auf Französisch sein Stuttgart-Gedicht: »ne manquez pas à Stuttgart / la longue Rue Neckar …«

In der gleichfalls gereimten Übersetzung von Karl Krolow klingt das so:

> *»Vergeßt nicht beim Stuttgart-Besehen*
> *die Neckarstraße zu gehen.*
> *Vom Nichts ist an diesem Ort*
> *der alte Glanz lange fort.*
> *Und der Verdacht ist groß:*
> *hier war schon früher nichts los.«*

Unentschlossene Gelehrte oder bloße Käuze

Martin Walser

Ein bisschen verwunschen und wie ein Dorf sei ihm der Süddeutsche Rundfunk in der Neckarstraße damals vorgekommen, sagte Martin Walser einmal im Rückblick auf die 1950er-Jahre. Noch während seines Studiums der Literatur, Geschichte und Philosophie in Tübingen begann er als Reporter und Hörspielautor zu arbeiten, nebenbei schrieb er seine Promotion über Franz Kafka. Er zählte zur sogenannten Genietruppe und baute den Fernsehbereich des Senders mit auf, außerdem wirkte er an einer der ersten Produktionen der Nachkriegszeit mit.

In dieser Zeit veröffentlichte er Texte in Max Benses Zeitschrift *Augenblick*, den Erzählungsband *Ein Flugzeug über dem Haus* und den Roman *Ehen in Philippsburg*, der sein erster Erfolg wurde. Im selben Jahr 1957 zog er mit seiner Familie wieder an den Bodensee (wo er in Wasserburg 1927 geboren worden war), zunächst nach Friedrichshafen, später nach Nußdorf bei Überlingen.

Martin Walser, um 1958.

Erst in seinem Roman *Brandung* von 1985, in dem Studienrat Helmut Halm durch einen Lehrauftrag an einer kalifornischen Universität wenigstens für ein halbes Jahr aus seinem heimischen Schulmief geholt wird, hat Walser Anfang und Schluss in Stuttgart angesiedelt. Halm lebt mit seiner Frau Sabine in deren elterlichem Landhaus in Sillenbuch, von dort plant er mit seinem alten, kranken Hund Otto den Eselsweg vom Frauenkopf nach Rohracker hinunterzuspazieren.

In seiner Funktion als Hörfunk-Regisseur lud er Arno Schmidt zu Lesungen ein und veranlasste ihn zum Schreiben von Hörspielen; dass Walser sich beim Funk irgendwie fremd fühlte, möchte man aus einem erinnernden Text schließen, in dem er die Kollegen als unentschlossene Gelehrte, englisch gekleidete Historiker, entlaufene Internatsvorsteher, heiser gewordene Tenöre, Pfeife rauchende Anarchisten oder bloße Käuze beschrieb, und feststellte, »es habe damals in diesem ganzen Gelände keinen Manager gegeben«.

Tunnelabenteuer

Anna Schieber und Joseph Victor von Scheffel

Der erste in Stuttgart gebaute Tunnel ist der von Carl Etzel 1844 geplante Rosensteintunnel, der unter dem erst fünfzehn Jahre zuvor vollendeten Park und königlichen Schloss Rosenstein hindurchführt. Von 1846 bis 1914 fuhr die Eisenbahn zwischen Cannstatt und dem alten Bahnhof in Stuttgart auf zwei Gleisen durch diesen 362 Meter langen Tunnel. Sein beeindruckendes Dunkel wird in zwei literarischen Texten höchst unterschiedlich thematisiert.

Anna Schieber (1867 bis 1945) erzählt in einer ihrer *Geschichten der Großmutter*, wie die Bogerin, eine Butterfrau aus dem Remstal, entgegen der eindringlichen Warnung des Stundenhalters ihrer pietistischen Gemeinschaft, einmal mit der Eisenbahn nach Stuttgart fährt und dies zunächst auch leichten Sinns genießt. »Kaum hatte der Zug in Cannstatt den

Tunnel unter dem Schloss Rosenstein. Kolorierte Lithografie von Eberhard Emminger, nach 1846.

Bahnhof verlassen und die Brücke über den Neckar, so fuhr er mit einem überlauten, ja höllischen Pfiff in ein dunkles Loch hinein. Schaurig widerhallte an engen Wänden das Rollen der Räder und dicker Rauch drang in den Wagen hinein«, so dass die Bogerin meinte, es ginge geradewegs in die Hölle, auf dem Boden niederkniete und Gott anrief, nicht ihrer Sünden zu gedenken. Ihr dabei gegebenes Versprechen, ihrer Lebtag nie wieder Eisenbahn zu fahren, hielt sie und wanderte nächtens von Stuttgart zu Fuß ins Remstal zurück.

In Esslingen geboren, zog Anna Schieber schon als junges Mädchen nach Stuttgart, wo sie als Gehilfin in das Kunsthaus Schaller eintrat. Während einer Erkrankung entdeckte sie für sich das Schreiben und wurde später mit über fünfzig Romanen und Erzählungen sehr erfolgreich. In der Nähe ihres ehemaligen Wohnhauses in Degerloch erinnert heute der Anna-Schieber-Weg an die Schriftstellerin, die den sie prägenden Pietismus, wie in der Geschichte der Bogerin, auch ironisieren konnte.

Das *Abenteuer im Rosensteintunnel,* von dem Joseph Victor von Scheffel (1826–1886) in seiner *Venetianischen Epistel* erzählt, handelt von der versäumten Gelegenheit eines Kusses: Der Protagonist versteht nämlich nicht die »Augensprache« einer ihm flüchtig bekannten jungen Dame und bemerkt erst nach Durchfahren des Tunnels, was nun nie wieder gutzumachen ist.

An Scheffels berühmten historischen Roman über den Mönch *Ekkehard* erinnert übrigens ein Relief am Eckhaus Forst- / Spittastraße.

Neckartalstraße 73 – Gasthof »Alter Hasen«

Trotz alledem und alledem

Ferdinand Freiligrath

» Wir sind eben aus Stuttgart in die frischere Neckarluft von Cannstatt herübergesiedelt, und ich sitze, von der Hitze und dem Trubel zerschlagen und marode, zwischen den auf den Boden herumliegenden tausend und ein Bänden meiner leidigen Bücherei.«

Bad Cannstatt

Ferdinand Freiligrath in seinem Arbeitszimmer in der Neckartalstraße 73.

Dies schrieb Ferdinand Freiligrath (1810–1876) im Juli 1874 in einem Brief und ergänzte einige Wochen später, wie er es genieße, »daß wir jetzt, in nächster Nähe der Wilhelma und des Rosensteins und den rauschenden Neckar vor der Thür, aus hohen Fenstern in die lachende Landschaft hinausschauen«.

Der im Vormärz zunächst mehr von Fernweh als von Freiheitsdenken getriebene Dichter aus Detmold, der aktiv an der 1848er-Revolution teilnahm, die Auslandsredaktion der *Neuen Rheinischen Zeitung* von Karl Marx und Friedrich Engels betreute und nach der Rückkehr aus dem englischen Exil ein deutscher Patriot wurde, kam 1868 nach Cannstatt. Erst logierte er im Hotel »Hermann«, dann lebte er von 1870 bis 1874 in Stuttgart in der Ulrichstraße 9.

Allerlei Unannehmlichkeiten, die Sommerhitze im Talkessel und Mietsteigerungen bewogen ihn dann aber, nach einem neuen Domizil zu schauen; fündig wurde er in der Neckartalstraße 73, unweit der Brücke und des Wehrs, im Haus des bis heute bestehenden Gasthofs »Alter Hasen«. Dort konnte er die Beletage mieten, »die mich, beiläufig, weniger kostet, als mein hiesiger, himmelhoher 3. Stock«.

In diesem Haus starb Ferdinand Freiligrath am 18. März 1876. Sein Grab liegt auf dem Uff-Kirchhof, von einer Kolossalbüste dominiert, die der Bildhauer Adolf von Donndorf geschaffen hat. Das Denkmal, laut Inschrift »vom deutschen Volke errichtet«, würdigt wohl weniger den gesellschaftskritischen Autor, dessen vertonte Nachdichtung von *Trotz alledem und alledem* in unserer Zeit zum Ohrwurm geriet, sondern den 1870 teils mit Jubel in die Kriegsbegeisterung einstimmenden, teils vor nationalistischen Übertreibungen warnenden Literaten. Seine in ihrem Pathos massenwirksame Lyrik – »Hurra, du stolzes, schönes Weib, Hurra, Germania« – erschien übrigens in Stuttgart bei den Verlagen Cotta und Göschen.

Wirtshäuser, Billardspiel und Katzenjammer

Hermann Hesse

Hermann Hesse (1877–1962) in Cannstatt – das ist eine kurze, doch nicht ganz unwichtige Episode, an die eine Tafel am Haus Wilhelmstraße 40/1 erinnert. Dort wohnte er, obwohl bei Präzeptor Ludwig Geiger in der Brunnenstraße 55 angemeldet, bei der Lehrerswitwe Frieda Montigel in einem Dachzimmer. Anfang November 1892 wurde Hesse am Königlich-Württembergischen Gymnasium eingeschult, um das »Einjährig-Freiwilligen-Examen« abzulegen, das der mittleren Reife entsprach. Es war am Ende jenes Unglücksjahres, das mit seiner Flucht aus dem Seminar in Maulbronn begonnen und sich mit Aufenthalten in den Heilanstalten Bad Boll, Stetten und Basel fortgesetzt hatte. Der Fünfzehnjährige, der auf Fotografien so trotzig und traurig durch seinen Zwicker blickt, machte in dieser Zeit schwere Krisen durch. Selbstzweifel und Hoffnungslosigkeit wechselten mit Phasen des Aufbegehrens gegen die Autoritäten, Depressionen bis zum Selbstmordversuch folgten auf eine unglückliche Liebe.

Trotzdem war er ein erstaunlich guter Schüler, das zeigt die Notenliste. In Literatur und Aufsatz, Latein, Griechisch, Mathematik und Turnen bewegten sich seine Noten zwischen 5 ½ und 6 ½, was etwa unserem »gut« entspricht; gut beurteilten die Lehrer auch »Anlagen, Fleiß, Religion«, in Betragen und Aufmerksamkeit erhielt er sogar eine 7. Was nicht wenig verwundert, denn gerade über sein Verhalten wurde heftig geklagt: Hesse hatte angefangen, sich in Wirtshäusern herumzutreiben, stark zu rauchen, Billard zu spielen, Schulden zu machen und sich mit »zweifelhaften Personen« abzugeben.

In zwei Kapiteln seines Romans *Demian* kann man den Schauplatz Cannstatt und eigene Erfahrungen von Rausch und Katzenjammer hinter der »Geschichte von Emil Sinclairs Jugend« erahnen.

*Hermann Hesse
im Oktober 1893.*

Hesses neuerliche Krise ging mit Kopfschmerzen einher; mit dramatischer Geste verkaufte er seine Bücher und erwarb einen Revolver. Trotz körperlicher Leiden und seines »liederlichen Lebenswandels« war er fähig, sich auf die Prüfungen vorzubereiten, und bestand sogar das Examen. Nach Beginn des neuen Schuljahrs bat er jedoch seine Eltern, ihn zurückzuholen, und trat am 16. Oktober 1893 aus dem Gymnasium aus.

Ein halbes Jahrhundert später erinnerte er sich: »Das Hübscheste von Cannstatt war für mich der Kurpark und meine kleine Mansarde, wo ich zum erstenmal Eichendorffs *Taugenichts* und Verse von Heine las.« Und er war sich damals schon sicher, dass sich dort sein »dichterisches Ich« gebildet habe.

Marktstraße 71 – Thaddäus-Troll-Platz

Deutschland deine Schwaben

Thaddäus Troll

Die Wilhelmsbrücke mündet direkt in die Marktstraße und gleich rechts liegt der 1984 angelegte Thaddäus-Troll-Platz, seiner Ausdehnung nach eher ein Plätzchen. Die Plastik von Elke Krämer stellt die Figur »Der Entaklemmer« aus Trolls gleichna-

Der Entaklemmer. Plastik von Elke Krämer.

migem satirischen Volksstück nach Molières *Geizigem* dar, den schwäbischen Bauer, der nachschaut, ob sich nicht noch ein Ei in ihrem Leib befindet, bevor er seine Ente verkauft.

Die Uraufführung des Stücks am Stuttgarter Staatstheater 1976 war ein großer Erfolg und trug zu Trolls Berühmtheit ebenso bei wie seine humoristischen Bestseller *Deutschland deine Schwaben* oder *Preisend mit viel schönen Reden*. Thaddäus Troll war das Pseudonym des Autors und Journalisten Hans Bayer (1914–1980). Er gründete die satirische Zeitschrift *Das Wespennest* und arbeitete als Korrespondent für den *Spiegel*, bevor er sich dem Bücherschreiben widmete. Außerdem engagierte er sich bereits bei dessen Gründung im Verband Deutscher Schriftsteller und als Vizepräsident des deutschen PEN-Zentrums; zu seinem Gedächtnis wird alljährlich der Thaddäus-Troll-Preis an jüngere, kritische Autoren aus Baden-Württemberg vergeben.

Immer wieder versuchte Troll, humorvoll und selbstironisch dem schwäbischen Wesen und dem Cannstatter Charakter nachzuspüren, denn als Cannstatter verstand er sich – geboren mittendrin in der Marktstraße 9–11, wo der Laden der elterlichen Seifensiederei lag, der 1973 einem Kaufhaus weichen musste.

Nach Gymnasium und Zeitungspraktikum hat er seinen Heimatort verlassen und nie wieder in Cannstatt gelebt; begraben liegt er aber auf dem zu Cannstatt gehörenden Steigfriedhof, das hat er sich so gewünscht, ebenso den schlichten Stein, der nur seinen Künstlernamen und die Lebensdaten trägt.

Die längste Zeit seines Lebens, von 1954 an, wohnte Bayer mit seiner Familie in der Traubergstraße 15 auf der Gänsheide, wo eine Plakette an ihn erinnert.

Auf das Troll-Plätzchen wäre er wohl stolz, bildet es doch das Entree zum ältesten Gebäude auf Stuttgarter Gemarkung, dem

Bad Cannstatt

1463 erbauten Klösterle, einem spätgotischen bürgerlichen Fach-
werkhaus mit der einzigen erhaltenen mittelalterlichen Hauskapel-
le im Obergeschoss. 1983 wurde es saniert und beherbergt heute
ein Stadtmuseum (das zu Trolls 100. Geburtstag eine sehenswerte
Ausstellung zeigte) und eine Weinstube, dessen Auswahl ihm, dem
Kenner Württemberger Weine, sicher gemundet hätte.

Badstraße 35 – ehemaliges Hotel »Hermann«

Kur und geplante Heirat

Honoré de Balzac

Die Badstraße wirkt heutzutage nicht besonders einladend,
und es braucht eine Portion Fantasie, sich vorzustellen, wie
hier vor 150 Jahren »die Welt zu Gast« war: im Hotel »Hermann«,
einem der bekanntesten und vornehmsten Hotels in Württemberg.
Von dessen einstiger Pracht lässt die graue Eternitfassade des Rot-
Kreuz-Krankenhauses gar nichts mehr ahnen.

Den Grundstein für den Ruhm des Hotels hatte der Arzt Johann Jakob Frösner gelegt, der den Gebäudekomplex bis 1821 auf
ein 106 Zimmer umfassendes Hotel mit Speisesaal für 300 Personen, Badhaus, Konversationshaus, Ballhaus mit zwei Tanzsälen
im Garten und Stallungen für 110 Pferde erweiterte. Der mehr als
30 000 Quadratmeter große Garten war mit Baumgruppen und Alleen bepflanzt; es gab Lusthäuschen, Schaukeln, Rutschen, ein Ke-
gelspiel, ein Karussell und einen Schießstand. Für die intellektuelle
Unterhaltung bot eine Buchhandlung in einem Pavillon deutsche
und fremdsprachige Bücher zur Ausleihe an und unterhielt einen
Salon littéraire sowie ein Lesekabinett. Es wundert also nicht wenig, dass das Hotel selbst anspruchsvollen Gästen gefallen hat.

Honoré de Balzac (1799–1850) schrieb in einem Brief vom Dezember 1845 an seine Geliebte, die aus der Ukraine stammende
Adlige Ewelina Hańska, mit der er im Sommer zuvor in Cannstatt
eine Badekur genossen hatte: »Für mich, mein geliebtes Wölfchen,

gibt es dreiundzwanzig Städte, die mir heilig sind und das sind die folgenden: Neuchâtel, Genf, Wien, Petersburg, Dresden, Cannstatt, Carlsruhe, Straßburg, Passy, Fontainebleau, Orléans, Bourges,

Das Hotel »Hermann« von der Gartenseite, 1868.

Tours, Blois, Paris, Rotterdam, Den Haag, Anvers, Brüssel, Baden, Lyon, Toulon, Neapel. Ich weiß nicht, was sie Ihnen bedeuten, aber wenn mir einer dieser Namen ins Gedächtnis kommt, dann ist es, als ob Chopin eine Klaviertaste anschlagen würde; der Hammer weckt Töne, die in meiner Seele vibrieren, und es erwacht ein langes Gedicht.«

Was Cannstatt in die obere Reihe dieser Städte stellte, war sein Plan, Ewelina Hańska dort heimlich heiraten zu können. Dazu hoffte er auf die Vermittlung König Wilhelms I. und ließ ihm die ersten sechzehn Bände seiner *Comédie Humaine* schicken. Aus der Heirat in Stuttgart wurde dann nichts – sie fand erst 1850 in der Ukraine statt –, und weder Balzac allein noch das Paar zusammen kamen später noch einmal hierher zur Kur.

Cannstatter Kurpark – Auerbach-Denkmal

Schwarzwälder Kurgast

Berthold Auerbach

Trotz Hinweisschildern zur botanischen Identifizierung der Bäume kann man lange suchen, um die Auerbach-Linde zu finden. Berthold Auerbach (1812–1882), in Nordstetten bei Horb geboren, besuchte seit 1830 das Stuttgarter Gymnasium und wurde gleich zu Beginn seines Studiums in Tübingen Mitglied der verbotenen, weil als staatsgefährdend geltenden Burschenschaft »Germania«. Schlimmer als die Haft waren der Verweis aus Tübingen und der Entzug des königlichen Stipendiums, später die Nichtzulassung zum Rabbinatsexamen. Auerbach musste sich literarischer Brotarbeit zuwenden, hatte jedoch mit seinen *Schwarzwälder Dorfgeschichten* großen Erfolg – sie begründeten geradezu eine eigene Literaturgattung.

Von 1869 bis zu seinem Tod kam er regelmäßig als Kurgast nach Cannstatt und stieg im ersten Haus am Platz, dem Hotel »Hermann« ab. Zu seinem Schrecken fand er beim ersten Aufenthalt in einem Wachsfiguren-Kabinett auf dem Wilhelmsplatz sein eigenes Konterfei neben Robespierre und Bismarck: »jetzt noch lebend« stand im Katalog.

Im Juli 1870, kurz nach dem Ausbruch des Deutsch-Französischen Krieges, formulierte Auerbach ein patriotisches Flugblatt zu dessen nationaler Notwendigkeit mit dem Titel *Was will der Franzos? und Was will der Deutsche?*. Daraufhin brachten ihm – laut *Schwäbischer Chronik* – Hunderte von Cannstatter Bürgern ein Ständchen vor seinem Hotel. Im Zuge dieser Beifallsbezeugungen für »seine ächt deutsche Haltung« wurde dem (jüdischen) Schriftsteller Berthold Auerbach die Linde gepflanzt.

Er berichtete in einem Brief vom 16. September 1877 seinem entfernten Verwandten und Freund Jakob Auerbach, wie er in Gegenwart seiner Schwester und seines Bruders zum ersten Mal diese Linde besuchte: »Wir gingen den Berg hinan und fanden bald die wunderbar prächtig symmetrisch gebaute Linde, von Ruhebänken umgeben (der Stamm mit Draht umhegt und auf einer Tafel daran steht: ›Auerbachs Linde‹) ... Wir saßen eine Weile dort

Auerbach-Denkmal im Kurpark.

oben, dann ging ich mit unsern Geschwistern bis zur Synagoge und heim.«

Die Büste auf dem 1909 in der Nähe der Linde aufgestellten Denkmal wurde in der NS-Zeit eingeschmolzen, seit 1951 steht an gleicher Stelle ein Granitblock mit einem Bronzerelief. Gestorben ist Berthold Auerbach in Cannes, begraben wurde er auf dem kleinen israelitischen Friedhof in seiner Heimatstadt Nordstetten.

Cannstatter Kurpark

Ins Bad, ins Bad

Carl Theodor Griesinger

Nur einige Straßen um den Cannstatter Kurpark herum lassen den einstigen Glanz des international besuchten Badeortes noch ahnen. Von der Pracht der Hotels »Bellevue« oder »Hermann« oder des »Wilhelmsbads« ist keine Spur mehr vorhanden. Höchstens die feuilletonistischen Genrebilder von Carl Theodor Griesinger (1809–1884) vermögen noch an ein vormals lustiges Kurleben zu erinnern.

Im Alter von 26 Jahren entsagte Griesinger dem Kirchendienst und ließ sich in Stuttgart als Schriftsteller nieder. Er verfasste Theaterkritiken, veröffentlichte mit Erfolg die *Silhouetten* und *Humoristischen Bilder aus Schwaben*. 1848 beteiligte er sich an der Revolution und gründete ein demokratisches Blatt, *Die Volkswehr*, wofür er dann zwei Jahre auf dem Hohenasperg einsitzen musste. 1852 wanderte er nach Amerika aus, kehrte aber fünf Jahre später enttäuscht zurück. Seine Geschichten und Porträts sind bis heute von überraschender Frische und einem frechen Witz. So wie seine Eindrücke von einem sommerlichen *Sonntagmorgen in Cannstadt*, wenn die Fiaker von Stuttgart her kommend die Sauerwasserliebhaber kaum fassen können.

»Wer nicht dahin geht, hat weder Geschmack, noch Bildung. Eine große Menge von Herren und Damen hat sich schon zu Fuß

Pavillon von Thouret am Sulzerrain, um 1820.

auf den Weg gemacht. Das Ziel ist nahe, es ist die Sulzerrainquelle. Hier ist der Sammelplatz der schönen und vornehmen Welt. Stuttgarter, Cannstadter, Badgäste – alle in bunter Masse untereinandergemischt. Wer eigentlich Badgast ist, kann man nicht unterscheiden; und dieser Punkt ist es eben, worauf die Stuttgarter es abgesehen haben. Ist es denn nicht natürlich, daß bei der jetzigen Badereisewuth kein Mensch mehr mit Ehren bestehen kann, der nicht alle Jahre in ein Bad geht?

Um die innere Quelle herum stehen immer mehrere hundert Personen. Die Quelle wird förmlich belagert. Die Gläser gehen von Hand zu Hand. Jedermann will trinken, denn als Sauerwassertrinker erscheint er erst als Curgast. Das Wasser kommt etwas lau aus dem Rohr und schmeckt nicht allzu angenehm, aber man zwingt sich zum Trinken, ohne den Mund zu verziehen. Ich habe Leute gekannt, die es auf 20 Gläser gebracht haben, ohne krank gewesen zu sein. Ob sie es durch diese Wassermagenüberschwemmung nicht geworden sind, kann ich nicht sagen. Nächst dem Wassertrinken ist ein Haupterforderniß das ›Spaziergengehen‹. Jeder Badeort hat seine Anlagen, und wären es auch nur welche ›en miniature‹. Zu dem letzteren Genre gehören auch die Anlagen in Cannstadt; in fünf Minuten ist der ganze Raum durchlaufen.« Die Sulzerrainquelle, inzwischen versiegt, befand sich hinter dem Kursaal.

Personenregister

Anhang

Zum Weiterlesen

Horst Brandstätter und Jürgen Holwein, *Stuttgart. Dichter sehen eine Stadt. Texte und Bilder aus 150 Jahren*. J. B. Metzler'sche Verlagsbuchhandlung, Stuttgart 1989.

Irene Ferchl, *Stuttgart. Literarische Wegmarken in der Bücherstadt*. Klett-Cotta, Stuttgart 2000.

Irene Ferchl (Hg.), *Geschichten aus Stuttgart*. Klöpfer & Meyer, Tübingen 2011.

Irene Ferchl und Wilfried Setzler, *Mit Mörike von Ort zu Ort. Lebensstationen des Dichters in Baden-Württemberg*. Silberburg-Verlag, Tübingen 2004.

Christoph Jamme und Otto Pöggeler (Hg.), *»O Fürstin der Heimath! Glükliches Stutgard«. Politik, Kultur und Gesellschaft im deutschen Südwesten um 1800*. Klett-Cotta, Stuttgart 1988.

Hermann Lenz, *Stuttgart. Aus zwölf Jahren Stuttgarter Leben*. Belser Verlag, Stuttgart 1983.

Hermann Lenz, »Erinnerung an Stuttgart«. Aus: *Vielleicht lebst du weiter im Stein*. Gedichte. © Suhrkamp Verlag, Frankfurt am Main 2003.

Bernd Möbs, *Zu Fuß zu Stuttgarts Dichtern. Literarische Spaziergänge. / Unterwegs zu Stuttgarts Dichtern. Neue literarische Spaziergänge*. Silberburg-Verlag, Tübingen, 2008/2012.

Jörg Schweigard, *Stuttgart in den Roaring Twenties. Politik, Gesellschaft, Kunst und Kultur in Stuttgart 1919–1933*. G. Braun Buchverlag, Karlsruhe 2012.

Hans-Ulrich Simon (Hg.), *Stuttgarter Gesellschaft um 1850. Justinus Kerner und Emma von Suckow*. Hohenheim Verlag, Stuttgart 2012.

Werner Skrentny, Rolf Schwenker, Sybille und Ulrich Weitz (Hg.), *Stuttgart zu Fuß. 20 Stadtteil-Streifzüge durch Geschichte und Gegenwart*. Silberburg-Verlag, Tübingen 2005.

Abdruckgenehmigungen

»ne manquez pas à Stuttgart«, aus: Samuel Beckett, *Flötentöne*. Aus dem Französischen von Elmar Tophoven und Karl Krolow. © der deutschen Übersetzung Suhrkamp Verlag Frankfurt am Main 1981. Alle Rechte bei und vorbehalten durch Suhrkamp Verlag Berlin.

Sebastian Blau, »Stuegeter Fasnet«. Aus: *Die Gedichte*. Klöpfer & Meyer, Tübingen 2010. © Karlheinz Geppert.

Textauszug aus: Anna Katharina Hahn, *Kürzere Tage*. © Suhrkamp Verlag Frankfurt am Main 2009. Alle Rechte bei und vorbehalten durch Suhrkamp Verlag Berlin.

Felix Huby, »137 Stufen«. Aus: *Stuttgart und seine Stäffele*. Hg. von Uli Kreh. Silberburg-Verlag, Stuttgart 1989. © Felix Huby.

»Erinnerung an Stuttgart«, aus: Hermann Lenz, *Vielleicht lebst du weiter im Stein. Gedichte.* © Suhrkamp Verlag Frankfurt am Main 2003. Alle Rechte bei und vorbehalten durch Suhrkamp Verlag Berlin.

Matthias Politycki, »Brunnenwirt«. Aus: *Almanach Stuttgarter Schriftstellerhaus 2*. Silberburg-Verlag, Tübingen 1991. © Matthias Politycki.

Wolfgang Schorlau, »Basta«. Aus: *Die blaue Liste. Denglers erster Fall.* © 2003 by Verlag Kiepenheuer & Witsch GmbH & Co. KG, Köln.

»Die Brüder«, aus: Robert Walser, Sämtliche Werke in Einzelausgaben. Herausgegeben von Jochen Greven. Band 4: *Kleine Dichtungen.* Mit freundlicher Genehmigung der Robert Walser-Stiftung, Bern. © Suhrkamp Verlag Zürich 1978 und 1985.

Der Silberburg-Verlag dankt den Rechteinhabern für die Abdruckgenehmigungen. In einigen Fällen konnten die Rechteinhaber nicht ermittelt werden. Hier ist der Verlag bereit, nach Anforderung rechtmäßige Ansprüche abzugelten.

Abbildungsnachweis

Carl-Seelig-Stiftung: 31.
Deutsches Literaturarchiv, Marbach am Neckar: Titelbild, 13, 16, 22, 23, 34, 36, 39, 40, 41, 42, 47, 49, 53, 57, 65, 67, 74, 88, 90, 91, 92, 94, 125.
Ferchl, Irene: 11, 17, 45, 55, 60, 66, 82, 86, 150, 110, 126, 129.
Gross, Friederike: 19.
Heimatmuseum Reutlingen: Titelbild.
Historisches Archiv des SWR: 116, 117, 119.
Jehle, Hugo: 120.
Landesmedienzentrum Baden-Württemberg (LMZ): Titelbild.
Paustian, Sven / Suhrkamp Verlag: Titelbild, 61.
Pic, Roger: Titelbild.
Privatsammlungen: 27 (Cordula Güdemann), 30 (Jürg Gaebele), 54 (Stuttgarter Schriftstellerhaus), 71 (Felix Huby), 75 (Staatsministerium), 83 (Roman Fink), 85 (Heiner Wittmann), 100 (Eberhard Rapp), 103 (Diana Uhlman), 108 © Döhl
Stadtarchiv Stuttgart: 15, 25, 28, 33, 38, 44, 56, 68, 113, 121, 123, 128, 131.
Alle übrigen Abbildungen: Archiv Silberburg-Verlag.

Anhang

Literarische und historische Stadtspaziergänge

Bernd Möbs

Unterwegs zu Stuttgarts Dichtern

Neue literarische Spaziergänge

Diese sechs literarischen Touren führen in den Stuttgarter Westen, nach Vaihingen und Rohr, nach Stuttgart-Ost und Gablenberg, nach Untertürkheim und Rotenberg, nach Bad Cannstatt und in den Bopserwald.

180 Seiten, 114 meist farbige Abbildungen und Karten, Klappenbroschur. ISBN 978-3-8425-1171-2

Stuttgart zu Fuß

20 Stadtteil-Streifzüge durch Geschichte und Gegenwart

Auf den 20 Rundgängen durch Geschichte und Gegenwart der Nesenbachmetropole findet man Spuren verdrängter und vergessener Orte und Menschen.

Herausgegeben von Werner Skrentny, Rolf Schwenker, Sybille Weitz und Ulrich Weitz.

504 Seiten, über 450 Abbildungen und 22 Karten, Klappenbroschur. ISBN 978-3-8425-1163-7

Silberburg·Verlag

www.silberburg.de